I.

Le Barreau réfugié à l'orchestre du théâtre de la République. — La première représentation du *Modéré*, comédie du comédien Dugazon. — Le danger de siffler. — L'avocat Masson de Morvilliers. — Vers sur la mort d'un singe de Mme Dubarry. — Les avocats guillotinés sous la Terreur.

Depuis que les luttes du prétoire avaient cessé d'exister ; depuis que les tribunaux réguliers avaient été renversés en France par le char révolutionnaire , un grand nombre d'avocats s'étaient retranchés dans

MÉM. III. 1

le champ de la littérature et vouaient aux muses le temps qu'ils ne leur était plus permis de consacrer à la défense des opprimés. Les oppresseurs de l'époque étaient trop nombreux et trop forts d'ailleurs pour que les opprimés pussent se plaindre. Un système gouvernemental, dont le bourreau était le premier ministre, ne pouvait certainement pas trouver de contradicteurs, même parmi les victimes qu'il faisait chaque jour.

Plusieurs avocats publièrent des ouvrages d'histoire et de philosophie ; quelques autres essayèrent de manier le poignard de Melpomène et de chausser le brodequin de Thalie ; deux ou trois de mes jeunes confrères du Barreau ne dédaignaient même pas d'agiter les grelots de Momus, et la scène du Vaudeville s'enrichit de plusieurs jolies pièces qui avaient des avocats pour auteurs. Par un délicat respect pour la toge qu'ils avaient portée, ils se cachèrent sous le voile du pseudo-nyme ; mais à l'esprit qui pétillait dans ces charmants ouvrages, aux heureuses imitations du comique de la vieille roche qu'on y remarquait, les connaisseurs devinaient facilement que ces vaudevillistes par hasard étaient nourris de la lecture de Plaute, d'Aristophane et de Térence, et qu'ils joignaient à la gaîté française le sel attique et l'observation romaine.

Toute réunion, toute assemblée, sous le régime de la Terreur, était dangereuse et même impossible. Plusieurs avocats, et des plus distingués par leurs lumières, leur esprit et leur habitude de la haute société, se parquèrent, chaque soir, à l'orchestre du Théâtre-Français, qu'on nommait alors le théâtre de la République. Là, du moins, en assistant aux représentations des chefs-d'œuvre de Corneille , de Voltaire , de Crébillon , de Molière et de Regnard , ils pouvaient encore se croire , par l'harmonie et la politesse du langage , dans les salons qu'ils avaient hantés si longtemps ; ils échappaient ainsi à la dénomination terrible de *suspects*, qui planait sur tous les hommes d'un caractère honorable et d'une tenue honnête, et , comme plusieurs représentants du peuple venaient aussi chaque soir, lorsque les séances de la Convention ne se prolongeaient pas trop avant dans la nuit , passer quelques heures , soit à l'orchestre, soit au foyer du théâtre de la République, nos avocats se trouvaient au courant des nouvelles sans fréquenter les ignobles clubs, et se conciliaient, par les charmes et les agréments d'une conversation instructive , les formidables proconsuls de la République une et indivisible.

Il ne fallut pas moins que la puissance de trois représentants du peuple, pour sauver de l'échafaud deux avocats, habitués de l'orchestre du théâtre de la République.

En 1793, et dans le plus fort de la Terreur, le comédien Dugazon (1) fit faire, puis ensuite fit représenter, sous son nom, une pitoyable pièce en un acte et en vers, intitulée *le Modéré*. Les sentiments anarchiques les plus exaltés abondaient dans ce détestable ouvrage, où l'on

(1) Ce Dugazon, singe plutôt qu'imitateur du célèbre Préville, se fit remarquer dans le cours de la révolution par ses fureurs et par ses discours virulents. Ses camarades du Théâtre Français devinrent les premières victimes de son zèle républicain : il les dénonça, et plusieurs furent incarcérés pendant plusieurs mois; de ce nombre furent Michaut et Mlle Raucourt. Le *Modéré* ne fut représenté sur le premier théâtre de la nation que grâce à l'effroi qu'inspirait son auteur. L'histrion Dugazon fit moins de mal que son confrère Collot-d'Herbois, mais celui-ci avait du moins prouvé dans sa pièce, le *Paysan magistrat*, qu'il avait du talent et de l'esprit.

voyait un *modéré* dénoncé par son domestique et par sa propre nièce, — ce qui était très moral, — et envoyé en prison, et de là sans doute à l'échafaud au dénouement. La pièce fut écoutée d'abord avec faveur, car le parterre était rempli de sans-culottes, amis de l'auteur, et des vers tels que ceux-ci furent applaudis à outrance :

Le peuple est plus puissant que ces froids égoïstes,
De tous les malveillants il connaît les *gâgistes*;
Et quant aux modérés,....

Ils ne changeront pas.
(*Répond un volontaire matamore.*)
Allez, ne craignez rien, nous les *mettrons au pas.*

Or, *mettre au pas,* dans le jargon de l'époque, c'était tout bonnement envoyer à la guillotine. Mais vers les dernières scènes, quand on vit le modéré enlevé du milieu de sa famille sur le simple soupçon de recevoir des hommes hostiles à la souveraineté du peuple ; quand on vit les alguazils du comité révolutionnaire s'asseoir sans façon à la table dont ils venaient d'arrêter le maître, et se préparer à vider à sa santé, ou plutôt à sa prompte mort, le vin de champagne préparé pour le festin de famille, le bon sens public se révolta d'une telle énormité, et un concert de sifflets partit de tous les coins de la salle et protesta contre l'immoralité de cette pièce, d'ailleurs sans gaîté, sans esprit, sans portée, et où toutes les convenances sociales étaient si indignement violées. Les amis de l'auteur, malgré leur nombre, essayèrent vainement de faire tête à l'orage, le rideau tomba au milieu des huées, et si l'effronté Dugazon fit proclamer son nom, ce ne fut qu'à l'aide de trente ou quarante baïonnettes qui se montrèrent aux couloirs du parterre.

Les spectateurs de l'orchestre avaient

vivement protesté contre ce mauvais ouvrage , et au nombre de ceux qui avaient
fait résonner la clé fatale se trouvaient
deux avocats, MM. Masson de Morvilliers
et Mauduist de Quimperlé. Dugazon les
avait reconnus, les avait signalés au commissaire , et , en sortant du théâtre , ils
furent arrêtés tous deux , conduits au
château d'Eau , et de là écroués , malgré
leurs vives réclamations, à la Force.

Dès le lendemain, ils parvinrent à faire
savoir à leurs amis, habitués comme eux
du théâtre de la République , leur mésa-
venture. On s'émeut , on se consulte au
foyer; et, en ce moment même, Bourdon
de l'Oise et Saladin , représentants du
peuple, entrèrent. M. Viaud de Bel-Air
alla au-devant d'eux et leur conta les circonstances de l'arrestation de MM. Masson de Morvilliers et Mauduist de Quimperlé.

— Si les citoyens n'ont été capturés que pour avoir sifflé la mauvaise pièce de Dugazon, répondit Saladin, nous les ferons aisément élargir. Ils ont eu tort...

— Quoi ! de jouir d'un droit qu'on achète en entrant, riposta vivement M. Viaud.

— Oui, reprit Saladin, ils ont eu tort de siffler une *pièce de circonstance*, mais un tort n'est pas un crime. Soyez tranquilles, citoyens, Bourdon et moi nous passerons demain matin au comité de sûreté générale, et vos deux amis vous seront rendus.

Les deux représentants tinrent parole. Le comité de sûreté générale n'avait rien appris de contraire au civisme de M. Mauduist, et l'ordre fut donné aussitôt de le relaxer. Quand à la sortie de M. Masson, elle ne fut pas aussi prompte. Une personne charitable avait fait passer dans les bureaux du comité une ample dénoncia-tion contre l'avocat Masson , et on avait joint à cet acte une certaine pièce de vers que M. Masson de Morvilliers, poète fort agréable de l'école de Dorat , avait com-posée en 1779, à l'occasion de la mort du singe de Mme la comtesse Dubarry, retirée alors à son château de Luciennes, et qui s'y était formé une petite cour de gens d'esprit et d'artistes dont M. Masson fai-sait partie. Voici ces vers, peu connus et fort innocents , qui manquèrent de faire rouler une tête de plus sur l'échafaud révolutionnaire.

M. de Morvilliers avait cherché à imiter le délicieux *Optima prima fere maculens rapiuntur Cæsari* du poète latin.

LA MORT DE COCO. — SINGE CHÉRI D'EGLÉ.

Elégie.

Quittez, amours, cet air folâtre ;
Hélas! vos jeux sont superflus !

Nymphes, voilez ce teint d'albâtre :
Pleurez, pleurez, Coco n'est plus.

Quel singe fut plus beau, quelle âme fut plus belle?
On vit briller en lui les grâces de l'amour.
La nature jalouse en brisa le modèle
    En lui donnant le jour.

La mort, l'affreuse mort insensible à vos larmes,
Osa donc, belle Eglé, le frapper dans vos bras !
Errant aux bords du Styx, il pleure encor vos charmes
    Si l'on pleure là-bas !

Il nous faut tous passer dans la fatale barque.
Pour les faibles humains telle est la loi du sort !
Le rang même n'est rien, berger, singe, monarque,
    Tout doit craindre la mort.

    Votre âme à la douleur succombe,
    Eglé, vos cris sont superflus !
    Jetons des roses sur sa tombe,
    Pleurez, amours, Coco n'est plus!!!

Qui eût pu croire qu'un si joli badinage adressé à une femme qui, en 1779, était, par la mort de Louis XV, tout à fait en dehors des intrigues de la cour et des combinaisons de la politique, eût dû mettre en péril la vie d'un citoyen. Telle était pourtant l'odieuse inquisition de ce temps déplorable, que l'on eut toutes les peines du monde à faire comprendre aux Lycurgues de la Convention, que des vers adressés, sur la mort d'un singe, à une courtisane royale, ne constituaient pas un crime politique, et que la tranquillité de la République française n'était en aucune manière compromise par de petits vers débités dans le château de Luciennes, dix ans avant la sublime prise de la Bastille.

M. Masson de Morvilliers ne fut délivré que huit jours après son arrestation. Il reprit, dès le premier jour de son élargissement, sa place à l'orchestre du théâtre de la République, au milieu de ses confrères et de ses amis, et leur dit plaisamment avec cet esprit enjoué dont il savait assaisonner ses entretiens les plus graves :

— Je ne pourrai pas voir désormais le comédien Dugazon sans penser au singe de Mme Dubarry, et je vous promets bien, mes amis, que je ne m'aviserai plus de prononcer d'oraisons funèbres et de formuler des jugements dramatiques pour les singes et pour les comédiens.

Le représentant du peuple Saladin, qui vint aussi le même soir au théâtre, dit en recevant les remercîments de M. Masson :

— Mon cher ami, vous l'avez échappé belle, votre élégie a manqué de vous mener tout droit au Tribunal Révolutionnaire. Dorénavant, je vous en prie, ne sifflez plus.

— Soyez sûr, citoyen représentant, repartit Morvilliers, en riant, que je n'assisterai plus aux premières représentations des pièces du citoyen Dugazon. Je n'aime pas *les tours de force.*

Au surplus, si ces deux honorables avocats échappaient comme par miracle à la fureur anarchique, le barreau de

Paris fournit assez d'autres victimes au Minotaure de la Révolution.

Parmi ces nobles et malheureux martyrs de leur foi politique et religieuse, qui arrosèrent de leur sang le sol esclave de la patrie en deuil, je citerai M. Claude-Nicolas Collet, profond jurisconsulte, criminaliste du premier ordre, qui jouissait au Palais d'une haute et grande réputation, et qui fut fusillé à Lyon; M. Jacques Lespaud, savant autant que modeste, père de sept enfants, guillotiné à Paris; M. Aved de Loizerolles, dont j'ai signalé l'héroïque dévouement; M. François-Hyacinthe-Benoist de la Chaussée; M. Mathurin-Pierre Jozeau; M. Marguerite-Louis-François Duport-Dutertre, ministre de la justice en 1791; M. Athanase-Jean Boucher, tous décapités en 1793, à Paris. M. Alexandre-César-Michel Perron, jurisconsulte d'un très haut savoir, versé dans le droit canonique et auteur d'un excellent commentaire sur Alciat, massacré en prison dans la journée du 2 septembre 1792. M. Charles-Pierre Bosquillon, avocat disert, orateur séduisant, légiste consommé, également massacré en prison le 3 septembre 1792. A cette liste, hélas! trop longue, d'avocats jetés à la frénésie sanglante d'un peuple égaré, il faut joindre : M. Guillaume-Alexandre Tronson-Ducoudray, déporté et mort à Sinnamary, à la suite de la révolution de fructidor an VIII ; Jacques - Nicolas Billaud de Varennes, déporté également en Amérique et mort dans ces contrées sauvages au milieu des tortures de l'âme et du corps.

Le Barreau de Paris a payé comme on le voit un large tribut aux tempêtes qui ébranlaient le sol de notre pays. Comme leurs devanciers des XIIIe et XIVe siècles,

ces avocats intrépides marchaient à leur
dernier combat comme ils marchaient
jadis dans l'enceinte du forum à la con-
quête des droits qui leur étaient confiés,
avec calme, modestie, mansuétude, piété.
Ils sont tombés au milieu de tant d'autres victimes innocentes comme eux, et
en tombant, ils ont encore fait des vœux
pour cette France qu'ils avaient servie,
pour cette liberté qu'ils avaient proclamée,
pour ce peuple qu'ils avaient protégé et
qui les méconnaissait.

Et ici une reflexion vient malgré moi
se placer sous ma plume. Dans les Répu-
bliques de l'antiquité, les partis souvent
aux mains sacrifiaient parfois à leurs
vengeances et à leurs préventions les plus
purs et les meilleurs citoyens ; mais quand
la fièvre de fureur civile s'était calmée on
recueillait avec un soin religieux les osse-
ments des martyrs de la chose publique,

on les ensevelissait, et un monument splendide recevait les cendres de ces hommes
de bien, dont la mémoire devenait ainsi
impérissable. Pourquoi donc n'avons
nous pas imité l'antiquité, nous qui l'a-
vons singée dans tant de choses? Pourquoi
le Barreau n'a-t-il pas élevé à ses membres abattus dans la tourmente révolutionnaire un modeste cype funéraire? Ah!
n'oublions pas, n'oublions jamais sous
quelque drapeau que nous servions, que
le culte des mânes, que le culte des tré-
pas glorieux suffit pour perpétuer les
grandes vertus et les grandes actions, et
que si le sépulcre du soldat moissonné au
jour de la victoire est contemplé avec orgueil par une nation, le mausolée élevé
au citoyen immolé à l'aveugle caprice des
factions, est un enseignement utile pour
tous et un hommage à la vertu et aux
grandes convictions.

II.

Le tribunal révolutionnaire après le 9 Thermidor. —
Les hommes de loi. — M. Target, avocat, académicien et secrétaire d'un savetier. — M. de Cambacérès, archi-chancelier de l'Empire. — Un époux de
87 ans. — Le jour des noces.

J'arrivai assez à temps à Paris pour défendre, devant le Tribunál révolutionnaire
mon camarade et mon ami, le comte de
Cerisy, dont j'ai déjà parlé au commencement de ces mémoires. Il m'écrivit de

la prison de la Force les lignes sui-
vantes :

« On me juge demain, mon vieil ami.
Puis-je compter sur vous pour ma défense, puisqu'à présent il est permis d'avoir
des défenseurs. Ai-je besoin de vous dire
que je suis innocent du crime qu'on m'im-
pute ? Mais serais-je coupable, n'aurais-je
pas le droit de compter sur le zèle et sur
le dévouement d'un ami tel que vous ?
Trois semaines plus tôt, je n'aurais point
voulu invoquer votre appui, car j'aurais
craint d'entraîner votre perte, mais aujourd'hui je le réclame sans crainte et sans
scrupule.

» Adieu,   De Cerisy. »

Je ne répondis point à cette lettre, mais
dès le soir même je courais à la Force où
je pressais dans mes bras, après vingt ans

d'absence , le plus ancien et le plus cher
de mes amis de collége.

Le comte de Cerisy, loin de porter les
armes contre sa patrie, s'était au contraire
empressé de servir sous les drapeaux de
la République. Il avait fait partie de l'armée de Dumouriez , et s'était distingué
dans plus d'une occasion à l'extrême
avant-garde de cette armée ; son courage
brillant , son sang-froid et surtout ses
connaissanees stratégiques l'avaient fait
remarquer de Dumouriez , qui avait demandé et obtenu pour lui le grade d'adjudant-général. Le comte de Cerisy aurait
probablement échappé à la persécution
dirigée contre les nobles , sans la défec-
tion du général en chef et des principaux
officiers de son état-major. Les représentants du peuple soupçonnèrent à tort que
Cerisy partageait les opinions politiques
de son général , et ils lui intimèrent l'or-

dre de quitter l'arméè. Le comte obéit, mais au lieu d'aller chercher un refuge sur la terre étrangère, il rentra en France et se confina dans une propriété qu'il possédait aux environs de Mantes. C'est là qu'il fut dénoncé et arrêté. Il avait reçu quelques lettres de ses parents et de ses amis. émigrés, et sur cette base fragile on avait échafaudé une dénonciation d'abord, une accusation ensuite.

Il parut devant le Tribunal révolutionnaire le 22 thermidor. Je l'assistai dans sa défense et je plaidai sa cause avec une chaleur, avec un entraînement qui me tinrent lieu, sans doute, d'éloquence et de talent. Un mois auparavant, les moyens que j'employai pour convaincre les jurés et les juges de l'innocence de mon client, n'auraient pas réussi; mais il s'était opéré un changement si extraordinaire, non-seulement dans les personnes , mais en-

core dans les idées et dans l'appréciation
des faits!! Le sombre Coffinhal n'était
plus là pour dire au défenseur ou à l'accusé: *Tu n'as pas la parole* (1); le terrible
Fouquier-Tinville ne se dressait plus,
l'œil sanglant, la chevelure hérissée, sur
le siége de l'accusateur public, et ne tor-
turait plus les charges pour en faire sortir une condamnation à mort; les jurés,

(1) C'était le mot qu'il employait habituellement
pour abréger les débats. Le peuple avait retenu cette
formule, et, le 12 thermidor, lorsque Coffinhal mar-
chait au supplice, la populace ne cessa de crier autour
du tombereau : *Coffinhal, tu n'as pas la parole*. Le magistrat révolutionnaire répondait à ces cris en crachant
sur la tête de ces misérables hordes qui avaient accom-
pagné de leurs vociférations impies toutes les infortunes et toutes les douleurs. Coffinhal avait été procureur au Châtelet. C'était un homme brave, résolu,
fertile en expédients et en ressources et d'une intelligence supérieure. Par malheur, le fanatisme de la
liberté, ou plutôt l'ambition, lui fit répudier les qualités qu'il avait reçues de la nature. Ce fut Coffinhal qui
adressa ces paroles barbares à l'infortuné Lavoisier,
traîné devant le Tribunal révolutionnaire, comme fer-
mier général : « *La république n'a plus besoin de
savants, ni de chimistes.* »

les jurés aussi n'étaient plus les mêmes : ces vingt-quatre figures hideuses, automates dévoués aux fureurs de Robespierre, et qui opinaient toujours et constamment pour la mort (1), s'étaient dissipés comme des larves funèbres après la journée du 9 thermidor.

Des hommes moins fanatisés, surtout moins corruptibles, les avaient remplacés et présentaient, aux yeux de l'avocat et de l'accusé, un supplément de juges, mais non un supplément de bourreaux.

Après ma plaidoirie, qui dura près de

(1) Ces jurés permanents, qui appartenaient tous aux dernières classes de la population parisienne et qui recevaient, assure-t-on, un salaire quotidien pour remplir leurs fonctions civiques, se dispersèrent en effet comme par enchantement. Je n'en ai rencontré que deux dans la suite, et ils étaient l'un et l'autre pauvres habitués dans une paroisse de Paris ; ainsi, ces hommes qui avaient contribué sans doute au supplice d'un grand nombre de prêtres, vivaient sur leurs derniers jours de la charité de l'église.

cinq quarts d'heure , le comte de Cerisy
prit la parole :

— Citoyens jurés, et vous, citoyens juges, dit-il d'une voix que l'émotion ren-
dait chevrotante , vous venez d'entendre
mon défenseur, il vous a dit toute la vérité. J'ai servi loyalement la République,
parce que la République c'est la France ,
c'est la patrie, et qu'avant d'être noble, je
suis citoyen ; je l'ai servie avec amour, avec
foi , avec dévouement. Si les lettres qui
me sont adressées et qui ont été mises
sous vos yeux révèlent des espérances
coupables, des vœux liberticides , je ne
partage , je n'ai jamais partagé ni ces espérances ni ces vœux. Ma vie a toujours
été la vie d'un soldat et non celle d'un
traître et d'un parjure. J'attends donc de
votre justice la liberté, et le premier usage
que j'en ferai sera de me replacer dans
les rangs des défenseurs de la patrie. Une

baïonnette de plus, citoyens jurés, vaut mieux qu'une tête de moins.

Le comte de Cerisy fut acquitté à l'unanimité, et, par une de ces mesures si communes dans les temps de réaction politique, on lui confia presque aussitôt une brigade à commander dans l'armée du Nord.

La joie de mon ami fut grande ; elle ne fut égalée que par la mienne. L'amitié qui date du collége est un sentiment qui approche beaucoup de l'amour fraternel.

L'abolition de l'ordre des avocats avait donné naissance à une classe d'individus qui, sous le nom d'*hommes de loi*, occupaient toutes les avenues des Tribunaux. La plupart de ces hommes étrangers à l'étude des lois, sans moralité, sans consistance sociale, et trop souvent aussi sans pudeur, usurpaient la confiance publique , et profitaient du chaos dans lequel était plongée l'administration judiciaire pour envenimer les discussions de famille et empoisonner le foyer domestique. La scandaleuse loi du divorce fournit à ces prétendus légistes une carrière vaste et féconde, dans laquelle ils purent moissonner à loisir. L'immoralité devint ainsi la pierre angulaire de la fortune de plusieurs d'entre eux , qui joignirent à cette branche d'industrie prétorienne la défense à forfait de tous les traitants et de tous les fournisseurs qui pillaient à l'envi le trésor de la République.

— Dieu, disait l'incisif et spirituel Lacroix-Frainville, a oublié, en frappant les Egyptiens, la plaie la plus terrible et la plus honteuse, celle des *hommes de loi ;* sa colère la réservait sans doute à la France.

Notre révolution opéra bien des transformations singulières ; dans ce nombre

je dois relater ici celle d'un avocat célèbre,
d'un académicien fleuri, d'un homme de
grand sens et de bonne compagnie, de
M. Target enfin, qui se laissa nommer
secrétaire du comité révolutionnaire de
sa section. Ce comité avait pour président
un savetier nommé Chalandon, démago-
gue outré, admirateur passionné de Robespierre, et partisan fanatique de l'égalité. Target, qui avait refusé de défendre
Louis XVI et qui par cela même jouissait
d'une espèce de popularité (1), s'attira

(1) La conduite de Target, comme toutes celles des
hommes politiques de ce temps, est pleine de contras-
tes : il célèbre avec enthousiasme le rétablissement du
Parlement, et en 1789 il appuie la motion d'Alexandre
Lameth qui fait prolonger les vacances de ce grand
corps, mesure préparatoire de sa suppression que l'on
décréta le 24 mars 1790, sur la proposition de Rœde-
rer, membre du Parlement de Metz. En refusant de défendre Louis XVI, M. Target a prouvé qu'il ne tenait
plus au Barreau, qu'il avait abjuré ses traditions, ses
sentiments, ses généreuses tendances. Aurait-il fait tort
à ses opinions républicaines qui étaient respectables
chez lui, puisqu'elles étaient le résultat d'une convic-

tout d'abord les sympathies du comité
où il se montrait fort assidu. Chalandon
le remarqua de son côté, et lui dit :

— Citoyen Target, tu es du bois dont
on fait les secrétaires, veux-tu être le
nôtre ?

— Pourquoi pas, répondit l'avocat sur
le même ton ; tu sais bien, citoyen Chalandon, que je suis un républicain d'ancienne date ; si tu penses que mes services puissent être utiles à mes concitoyens, tu n'as qu'à parler, je suis prêt à

tion pure et profonde, en prêtant le secours de sa parole à un prince malheureux, à un roi sans couronne
qui n'était plus qu'un homme, puisqu'il était opprimé
et dans les fers? Je ne le crois pas; au surplus,
M. Target, à ce premier tort comme avocat, je le répète, en a joint un autre: ce fut de mettre le public dans
la confidence de son refus en faisant colporter un écrit
intitulé : Le Républicain Target. Bonaparte, qui possédait à un suprême degré le sentiment du bien et du beau,
ne pardonna à M. Target ni son refus de défendre Louis
XVI, ni ses fanfaronnades républicaines. Tronchet au
contraire devint sénateur et fut constamment l'objet
des hommages et du respect de Napoléon.

agir ; mais je ne veux devoir cette préfé-
rence qu'aux suffrages généraux des membres du comité.

— C'est trop juste , répartit Chalandon , et nous allons procéder à ta nomination.

Le savetier ôta son bonnet rouge , le
mit sur le bureau, et dit :

— Ceux qui seront d'avis de porter à
la place de secrétaire le citoyen Target ,
n'ont qu'à venir jeter son nom tout écrit
dans mon bonnet.

Un membre fit alors observer au président que la plupart des assistants , en
suivant ce mode, ne pourraient pas prendre part au scrutin, puisqu'il ne savaient
point écrire.

— L'opinant a raison , fit le savetier,
comment faut-il faire ?..... Ah ! m'y
voilà.

Le comité se tenait dans le magasin

d'un fruitier, et plusieurs sacs de charbon étaient rangés dans un coin de la salle, le président en avisa un.

— Que tous ceux qui voudront le citoyen Target pour secrétaire, ajouta-t-il, déposent dans mon bonnet un petit morceau de charbon. Le scrutin est ouvert.

En un instant, le bonnet phrygien de la présidence, de rouge qu'il était, devint noir comme le combustible qu'il contenait.

Le citoyen Target fut nommé secrétaire à l'unanimité.

L'humanité gagna à cette ovation populaire. M. Target, dont les opinions républicaines étaient pures et honnêtes, dont le cœur était bon et sensible, profita de l'influence qu'il devait avoir naturellement sur ces hommes grossiers pour arracher un grand nombre de victimes à l'échafaud.

En sa qualité de secrétaire, il faisait les rapports et formulait les dénonciations fulminées par le comité. Il atténuait ceux-ci, il supprimait ceux-là et faisait signer au savetier-président, avec un flegme et une gravité imperturbables, les actes les plus opposés à l'humeur d'un des agents les plus actifs de Robespierre. M. Target sauva ainsi la vie à cinq ou six de ses anciens confrères du Barreau de Paris.

Les vertueuses supercheries du secrétaire ne furent jamais découvertes, et il resta investi de la confiance du comité tout le temps que ces officines de meurtres et de pillages subsistèrent.

J'ai vu en 1799 ce Chalandon, le savetier-président; il était rentré philosophiquement dans son échoppe après les saturnales révolutionnaires, et se consolait de la perte de ses dignités civiques en tyrannisant les pauvres locataires d'une mauvaise bicoque qu'il avait achetée à la place Maubert, du produit de ses labeurs patriotiques.

Chalandon, affilié à tous les révolutionnaires de Paris, ne put échapper aux rigueurs qui, dans les premiers jours du consulat, vinrent frapper quelques-uns des anciens Jacobins. Il fut jeté dans les prisons où M. Nodier l'a rencontré, s'il faut, du moins, en croire ses mémoires sur la révolution. M. Nodier prétend qu'il y avait, dans ce savetier, sachant à peine lire, quelque chose qui rappelait l'éloquence du paysan du Danube. A sa sortie de prison, Chalandon fut exilé dans une petite ville de Bourgogne, à quarante lieues de Paris, où il passa tout le temps de l'Empire. Dénoncé aux étrangers comme un septembriseur, il fut entraîné jusqu'aux bords du Rhin, où il mourut.

Cet homme, qui avait conservé jusqu'à la fin les passions extrêmes de sa jeunesse, racontait, avec une sorte d'esprit, les anecdotes les plus étranges sur des hommes devenus depuis de grands personnages. Il racontait, entre autres choses, que M. de Cambacérès, archi-chancelier de l'Empire, ne dédaignait pas de venir lui présenter ses hommages en venant partager son déjeûner, qui se composait d'une tasse de café au lait, dans son échoppe de la rue de Bussy.

Un autre ancien avocat du Barreau de Paris captiva, à cette époque, l'attention publique, mais à un autre titre que M. Target.

M. J..., avocat au Parlement et doyen de l'Ordre, apprit, vers la fin de l'année 1794, que Mlle de Saint-Haigle, à peine âgée de seize ans, vivait en proie à une affreuse indigence, avec une vieille religieuse , dans une maison du faubourg Saint-Marceau. M. J... avait été l'avocat, le conseil et l'ami du marquis de Saint-Haigle , major des cuirassiers sous Louis XV. Le fils et le petit-fils du marquis de Saint-Haigle avaient été également les clients du respectable avocat, qui avait été ainsi le guide et le patron de ces trois générations de guerriers. M. J.... apprit en outre que de toute cette noble famille, jadis si florissante et si riche, il ne restait que cette pauvre enfant, échappée comme par miracle à la hache révolutionnaire. Les vastes domaines , les splendides châteaux, les terres productives, avaient été confisqués, et l'échafaud avait dévoré un à un tous les membres de cette illustre maison. Julie de Saint-Haigle avait vu tour à tour marcher au supplice son bisaïeul, son aïeul, son père, sa mère et ses deux frères.

Tant d'infortunes brisèrent le cœur de l'avocat ; il se souvint de la longue affection qui avait existé entre cette famille et lui, et résolut de venir en aide à l'orpheline.

M. J... se transporta dans le triste logis qui servait de refuge à Mlle de Saint-Haigle. Là, il vit une jeune fille, belle, modeste, résignée, se livrant sans relâche à des travaux pénibles pour soutenir sa misérable existence et celle de la pieuse femme qui lui servait de mère. Les haillons qui couvraient le dernier rejeton du marquis de Saint-Haigle n'ôtaient point à ses traits leur distinction native, leur cachet de grandeur ; la noblesse de la race se révélait dans ses yeux, dans son langage, dans son maintien, dans ses moindres mouvements. Chaste et pure, la jeune vierge se courbait sous la main de Dieu qui la frappait, non avec l'humilité d'une pêche

resse, mais avec la sérénité d'un ange et
la dignité d'un martyr.

L'avocat et la jeune fille causèrent longtemps. Le vieillard se plaisait à sonder les
replis les plus cachés de cette âme naïve,
en l'interrogeant longuement sur ses malheurs. Julie trouvait un charme indéfinissable à dérouler ses calamiteuses aventures à ce guide sage, qui, pendant
soixante ans avait été l'oracle de sa famille, et qui allait devenir le sien.

— Mademoiselle, dit l'avocat vers la
fin de l'entretien, vos malheurs devaient
avoir un terme, et vous y êtes arrivée.
Je suis riche en or et en années ; car j'ai
quarante mille livres de rentes et quatre-
vingt-sept ans. Acceptez la main du vieillard pour posséder la fortune de l'avocat.
Mon nom n'est point illustre ; je n'ai ni
blason, ni couronne à vous offrir ; mais
ma réputation est sans tache, et la pro-

bité, à mon avis comme au vôtre, sans doute, est le plus beau des titres et le plus respectable des parchemins. Le malheur, mademoiselle, a mûri votre raison, a agrandi votre intelligence : voilà pourquoi je parle à la fille de seize ans comme je pourrais parler à une fille de ving-cinq. Mademoiselle, une simple adoption ne serait digne ni de vous, ni de moi, et troublerait peut-être un jour votre tranquillité, en devenant une source de procès et un texte intarissable à la malignité publique ; le mariage concilie tout, et en vous assurant ma fortune, en fondant votre félicité future sur de solides bases, je rends un dernier hommage aux amis que je pleure, à vos parents qui ne sont plus.

La jeune fille ne baissa point les yeux, ne rougit point, car son angélique raison ne considérait le mariage que comme un pacte religieux ; mais elle pleura , et ces pleurs qui inondaient ses joues l'embellirent encore.

— Vous voulez donc être mon bienfaiteur ? s'écria-t-elle.

— Je veux être votre père et votre ami, mademoiselle, répartit le vieillard.

Puis une idée, une idée noble et honnête traversa le cœur de la jeune fille.

— Monsieur, dit-elle à M. J..., si vous avez des héritiers, je leur ferai tort ; oh ! je repousse vos bienfaits s'ils peuvent être préjudiciables à quelqu'un !

Une larme roula dans les yeux de l'avocat en entendant cette pauvre jeune fille livrée à toutes les privations , elle, dont l'enfance avait été si magnifique et si dorée , s'effrayer à la seule pensée de nuire à l'opulence d'autrui.

— Ne craignez rien, mademoiselle, répondit M. J..., je n'ai que des collatéraux fort éloignés , cent mille francs suffiront pour les rendre heureux , et votre conscience demeurera en repos.

On fut tout étonné , quelques jours après la réouverture des églises, sous le Directoire , de voir le vieil avocat quitter le modeste appartement qu'il habitait depuis plus de trente ans rue Hautefeuille, pour aller occuper rue Saint-Louis, au Marais , un superbe hôtel qu'il avait acheté et qu'il avait fait meubler avec un grand luxe.

L'étonnement augmenta prodigieusement lorsqu'on apprit enfin que le Nestor de l'ancien Barreau allait se marier avec une jeune fille de seize ans, dernière descendante de la noble maison de Saint-Haigle. Les plaisanteries , les quolibets jaillirent de toutes parts , au Palais surtout, mais M. J.... eut le bon esprit d'en rire le premier.

J'assistai à ses noces qui se célébrèrent avec une sorte de magnificence et qui rassemblèrent, pour la première fois peut-être, des hommes que les tempêtes politiques avaient séparés depuis long-temps. MM. Target, Tronchet, Barbé-Marbois, Muraire, Cambacérès, s'y trouvaient, et je distinguai parmi les hommes de lettres, les savants et les artistes, MM. Ducis, Volnay, l'astronome Lalande, le statuaire Chaudet et Mehul.

Le soir arrivé, après un festin splendide où plus de cent convives avaient pris place, M. J..., précédé et suivi de ses amis les plus intimes, conduisit solennellement sa jeune épouse vers l'appartement qui lui était destiné. Arrivé là, il s'arrêta, déposa un baiser respectueux sur le front de Julie de Saint-Haigle, détacha le chapeau virginal qui se balançait sur les ondes brunes de sa cheve-

lure , et lui dit avec une grâce charmante :

— Ma chère épouse , voilà le seul trophée dont je m'empare. J'ai assuré votre
bonheur ; l'amitié a gagné son procès, je
m'en tiens là : il ne faut pas que la vieillesse perde le sien.

III.

Je me suis bien gardé, dans le cours
de ces mémoires, de m'appesantir sur les
lugubres événements de notre révolution. Les scènes de deuil et de désolation
de ce drame terrible qui se déroula len-

tement depuis le 14 juillet 1789 jusqu'au 9 novembre 1799 (18 brumaire), appartiennent exclusivement à l'histoire. Je ne me suis pas préoccupé davantage des nombreuses victimes de cette bataille civile de dix années, où vainqueurs et vaincus ont, tour à tour, scellé de leur sang les nouvelles destinées de la patrie. Les opinions les plus ardentes, les erreurs les plus graves d'un patriotisme aveugle, deviennent, en quelque sorte, respectables quand la vie de ceux qui voulaient en assurer le triomphe a été offerte en holocauste à la tranquillité publique. Les récriminations, les anathèmes devant un cercueil m'ont toujours paru une lâcheté; les fautes, je dirai même les crimes des rois et des législateurs, ne sont justiciables que de Dieu et de l'histoire.... écrite par des hommes purs et vertueux.

Ne doutons pas aussi que notre révolution n'eût été exempte des atrocités dont quelques monstres ont souillé ses phases, si les trésors infâmes d'une nation rivale ne fussent venus corrompre, au milieu de nos villes, au sein même de nos assemblées délibérantes, cette classe d'hommes toujours accessibles à la vengeance, à l'ambition, à l'avarice, et dont les instincts meurtriers ont besoin, pour se révéler, de l'éclat de l'or plus que du choc des armes. N'oublions pas qu'au début de notre révolution le ministre Pitt demanda au Parlement anglais un subside d'un million sterling (vingt-cinq millions de francs), *sans être obligé d'en rendre compte*, et que ce subside lui fut accordé. L'échafaud de White-Hall devait dès lors se dresser sur la place Louis XV, et la main royale qui avait signé la reconnaissance des États-Unis d'Amérique, dans un traité solennel, pouvait déjà sen-

tir son sceptre se transformer en roseau
de Golgotha (1).

De toutes les institutions révolutionnaires, le Tribunal, présidé par Dumas
et Coffinhal, était, sans contredit, la plus
effroyable. Je crois que mes lecteurs me
sauront gré d'ajouter à ce que j'ai dit na-
guère sur ces sanglantes assises le fragment suivant, qui se trouve dans un

(1) Le traité du 6 février 1778, où Louis XVI reconnaissait l'indépendance des colonies anglaises, fit dire
à un homme éminent, M. Fox : « La vengeance implacable de nos torys fera payer cher à Louis XVI la reconnaissance de la république de l'Union. Si le destin
de Charles Ier ne lui est pas réservé, il court grand
risque de subir la contre-partie de la révolution de
1688. » (On sait que cette révolution eut pour résultat
l'expulsion de Jacques II, et l'avénement au trône
d'Angleterre du prince d'Orange.) Les événements ont
prouvé la judicieuse prévoyance du chef illustre de
l'opposition anglaise. Il est avéré aujourd'hui que l'in-
fâme Marat fit trois voyages successifs en Angleterre,
avant, pendant et après le procès de Louis XVI, et que
l'ignoble Hébert, auteur du *Père-Duchéne*, Chaumette,
et l'ex-capucin Chabot, passèrent le détroit, à diverses
reprises, pour aller *prendre* langue auprès des ministres de Georges III.

ouvrage parfaitement oublié aujourd'hui, le *Spectateur français pendant le gouvernement révolutionnaire* (1). M. Delacroix, professeur de droit public au Lycée en 1789 et 1790, en empruntant à Addisson le titre de son ouvrage, ne lui avait pas emprunté l'élégance et la magie du style, mais le nouveau *Spectateur* était l'expression fidèle de l'opinion modérée qui criait avec le personnage de la comédie :

« Des lois et non du sang !!! » (2).

(1) Le *Spectateur français pendant le gouvernement révolutionnaire* a inséré des articles fort curieux qui rendent assez bien le dévergondage de style, d'idées et de mœurs qui caractérisait cette époque malheureuse. Le collaborateur de Richard Steele, Addisson, ne se doutait guère qu'un titre (le *Spectateur*) ennobli par les plus hautes conceptions littéraires et par une critique fine et spirituelle, servirait d'étiquette au récit des saturnales de la révolution française. Addisson publia son *Spectateur*, en 1690 et mourut en 1719.

(2) M. Laya, auteur de la comédie l'*Ami des lois*, eut le courage de faire représenter sa pièce malgré les comédiens et malgré ses amis, qui voyaient dans le titre même de l'ouvrage un arrêt de mort pour l'auteur.

« Depuis l'établissement du Tribunal révolutionnaire, j'assiste régulièrement, je ne dis pas à ses jugements, mais à ses arrêts de mort. Quelles tragédies peuvent offrir des scènes comparables à celles dont je suis journellement témoin ? J'éprouve toutes les sensations qui peuvent émouvoir l'homme. La terreur, la pitié, l'indignation, la fureur pénètrent mon âme et s'y succèdent : je compare la contenance, la fermeté, la présence d'esprit de chaque accusé ; je mesure la hauteur de leur chute ; j'observe l'impression que fait sur eux la fatale déclaration qu'on leur lit. Les uns, à l'altération de leurs traits, à la décompositon de leurs visages, me semblent déjà frappés de mort ; les autres, à l'air de fierté ou d'immobilité avec lequel ils écoutent leur sentence, me paraissent juger leurs juges, et leur dire : Vous me condamnez à mourir, et moi je vous condamne à vivre dans l'opprobre et le crime.

» Je n'apporte pas moins d'attention à suivre les dépositions des témoins ; j'essaie de concilier leurs contradictions ; cet emportement, cette fureur qui animent leurs gestes, qui étincellent dans leurs regards, m'étonnent et m'indignent. Je cherche à deviner la cause de leur acharnement contre un accusé sans défense. Je suis quelquefois tenté de les comparer à une meute ardente, prête à s'élancer sur un cerf qu'elle a mis aux abois et qui touche à sa dernière heure.

» Je suis des yeux les mouvements des jurés, qui me semblent si pressés d'opiner, qu'on dirait qu'ils ont tout entendu avant qu'on eût parlé ; l'attaque et la défense des accusés les importunent plus qu'elles ne le séclairent. Il ne leur manque que le courage de l'avertir que tout ce qu'il pourrait dire et prouver serait superflu, et qu'il est déjà condamné.

» Mais ce qui n'a jamais été vu dans aucun Tribunal, ce qui ne se verra peut-être jamais dans aucun autre, c'est le personnage qui remplit le rôle d'accusateur public. Qu'il est indigné de ce titre l'homme qui accuse indistinctement les bons et les mauvais citoyens, qui se refuse à tout sentiment de pitié, de commisération pour la vieillesse, pour l'adolescence, pour la faiblesse, devant lequel il n'existe que des coupables, que le mot d'innocence fait frémir, qui semble vouloir s'élancer sur le témoin favorable comme le tigre sur le chasseur qui va lui ravir sa proie !

» Il est bien révolutionnaire ce Tribunal où les accusés sont condamnés moins sur leurs délits que sur leurs titres ; où les témoins dénoncent, arrêtent et déposent sans pouvoir être récusés ; où les défenseurs commencent par s'excuser de l'être et ne demandent de l'indulgence que pour eux ; où les jurés n'expriment que l'opinion qu'on leur a dictée ; où les juges ne sont que les organes des ministres de la mort ! »

Après avoir peint l'attitude des victimes plus ou moins illustres, plus ou moins célèbres qui vinrent poser devant ce Tribunal de sang , le *Spectateur* termine ainsi :

« De jour en jour, l'accès de ce Tribunal devient plus difficile pour moi ; à peine son enceinte suffit-elle pour contenir les accusés qu'on y amène en foule. L'impuissant ministère du défenseur en est supprimé ; les témoins ne se font entendre qu'en exagérant leurs accusations : ils parlent encore et les accusés sont déjà condamnés ; plus d'un n'est pas même jugé, et il se voit entraîné avec des hommes qu'il n'a jamais vus et qu'on lui dit être ses complices.

» Je commence à me lasser de tant d'homicides. J'ignore si d'autres pourront encore supporter longtemps ce spectacle : je m'aperçois déjà que la multitude partage mes dégoûts, elle ne poursuit plus les accusés avec les cris de la fureur, on dirait qu'elle craint que la faux qui tranche ce qu'elle rencontre n'arrive jusqu'à elle ; sa sollicitude, qui s'étendait sur la république, se reporte aujourd'hui sur les républicains. Tant que le Tribunal révolutionnaire n'a frappé que des prêtres, que des nobles, que des riches, elle a applaudi aux coups qui abattaient ses ennemis ; mais depuis qu'elle s'en voit menacée, sa sécurité est feinte, elle ressemble à celle des enfants qui chantent lorsqu'ils ont peur. »

J'ai déjà dit que cet horrible Tribunal révolutionnaire avait subi, après le 9 thermidor, de grandes modifications. Il finit par disparaître tout à fait, et des Tribunaux à peu près réguliers, des Conseils de guerre, ou plutôt des commissions militaires, héritèrent de son omnipotence, mais non de sa cruauté.

Le désir de sauver quelques malheureux compromis dans la mémorable journée du 13 vendémiaire, me mit en relation avec Barras et le général Buonaparte, qui commandait sous ses ordres l'armée de la Convention. Devenu directeur, Barras, dont je connaissais la famille depuis plus de trente ans, ne voulut point me perdre de vue et m'invita fréquemment à ses réceptions du Luxembourg et aux fêtes qu'il donnait l'été à sa belle terre de Grosbois.

J'allai très rarement au Luxembourg ;

mais je ne pus me défendre de visiter, dans le courant de septembre 1797, après le coup d'état du 18 fructidor (4 septembre), la charmante résidence d'un homme qui s'essayait au rôle de Monck dans les jardins de Dioclétien.

Barras, à Grosbois comme au Luxembourg (1), affichait un luxe royal. Une légion de laquais, vêtus à peu de chose près comme les valets de l'ancien régime, encombraient les antichambres, la cour d'honneur et le vestibule du château. Barras, comme homme d'épée, avait des aides-de-camp ; comme directeur, des secrétaires ; aides-de-camp et secrétaires formaient autour de lui une escorte leste, brillante, musquée, dont l'approche se

(1) Le Luxembourg était affecté à la demeure des directeurs de la république ; mais Barras seul habitait le palais fondé par Marie de Médicis ; ses quatre autres collègues occupaient tout uniment l'hôtel du Petit-Luxembourg.

révélait par le cliquetis des éperons , les
éclats de rire et le nuage de parfums qui
s'exhalaient des riches uniformes de cette
jeunesse dorée. Les pages de Louis XIV
n'étaient que des rustres auprès des
splendides proxénètes du directeur Barras.

J'arrivai à Grosbois sur le midi , par
une belle journée d'automne. Le châte-
lain était parti depuis cinq heures du
matin pour une partie de chasse. On l'at-
tendait d'un moment à l'autre. Un huis-
sier m'introduisit dans un salon magnifique , où deux visiteurs se trouvaient
déjà.

Ces deux personnes étaient l'acteur
Talma, qui s'était déjà rendu célèbre par
ses créations dramatiques au théâtre de
la République, et le citoyen Larévellière-
Lépeaux , collègue de Barras , homme
aussi simple dans son langage , dans ses

manières et dans ses habits que Barras l'était peu (1).

— Citoyen, me dit Larévellière en souriant, vous avez cru comme nous, peut-être, que mon collègue Barras était facile à rencontrer ; il n'en est rien. Nous l'attendons ici depuis deux heures. Heureusement , poursuivit le protecteur des

(1) Larévellière-Lépeaux, dans un discours qu'il prononça aux États-Généraux, le 18 mai , s'exprimait ainsi :

« Dans un pays d'une étendue telle que celle de la France , les liens du gouvernement doivent être plus serrés qu'à Glaris ou Appenzell, sans quoi l'Etat serait abandonné aux horreurs de l'anarchie, pour passer ensuite sous la domination de quelques intrigants. Aussi , je ne crains pas d'assurer , moi qui n'ai pas un penchant décidé pour les cours , que le jour où la France cessera d'avoir un roi , elle perdra sa liberté et son repos pour être livrée au despotisme effrayant des factions. »

Cependant , élu membre de la Convention , Larévellière, qui avait si bien prévu les malheurs de la France, vota la mort de Louis XVI. Carnot fait de Larévellière un portrait hideux ; mais Carnot, victime du 18 fructidor , était en droit de suspecter la bonne foi politique de Larévellière. Ce directeur protégea de tout son pouvoir la secte des théophilanthropes.

théophilanthropes , que l'OEil-de-Bœuf de Versailles a été transporté ici.

— Avec l'épée de Louis XIV, ajouta Talma en indiquant du doigt une superbe épée dont la poignée d'or était enrichie de pierreries, et dont le fourreau de tabis était moucheté de perles , de saphirs et d'opales (1).

Je m'approchai du trophée où cette épée se trouvait suspendue , et je la reconnus en effet pour celle que j'avais vue dans mon enfance au trésor de l'abbaye de Saint-Denis.

— Voilà une belle relique ! s'écria Larévellière , et je ne sais où Barras a eu l'idée de conserver un objet si futile.

— Citoyen, répondis-je, une épée qui

(1) A son avènement au consulat, Napoléon fit redemander à Barras l'épée de Louis XIV, et la réintégra dans le trésor de la couronne, avec les diamants qu'on put retrouver.

a donné à la France la Flandre et la Fran-
che-Comté, n'est point indigne de figurer
dans le salon d'un membre du Directoire
exécutif de la République. J'aime mieux
la voir ici que dans le cabinet d'un
pair d'Angleterre ou d'un électeur allemand (1).

— Je comprends parfaitement, dit
Talma, l'espèce de vénération dont on
entoure les objets qui ont appartenu à
des personnages célèbres. Quant à moi,
je possède la toque d'un citoyen courageux, d'un grand magistrat, d'Achille de
Harlay, premier président du Parlement
de Paris sous Henri IV, et je ne m'en
dessaisirais pas volontiers.

(1) On sait qu'en 1793 les principaux insignes de la
royauté française furent achetés par des Anglais. Les
misérables qui pillaient alors les trésors de la France
et de l'Église ne sentaient pas qu'il valait mieux briser
ces objets que de les prostituer à la curiosité britan-
nique.

— A votre aise, citoyen, répartit aigrement Larévellière , piqué de ne point trouver notre opinion d'accord avec la sienne. Pour moi, je donnerais toutes les épées du despotisme, toutes les toques de la magistrature, toutes les barettes même du cardinalat, pour le bonnet de laine de Francklin ou le parapluie rapiécé de J.-J. Rousseau.

Une petite polémique allait inévitablement s'engager entre le pape des théophilanthropes et moi , lorsqu'un grand bruit se fit entendre au-dehors. Les piaffements des chevaux , le son rapproché des cors , les joyeux halali des piqueurs , les aboiements rauques des chiens, nous annoncèrent l'arrivée des chasseurs.

— Voilà le paladin qui arrive, dit Larévellière.

En effet , Barras entra dans le salon , suivi d'une foule de thuriféraires , de clients et d'amis ; car dans ce bon pays de France, le pouvoir engendre, comme partout, des flatteurs.

Larévellière, en sa qualité de botaniste, appelait les courtisans de Barras des *amis de serre chaude*, et, certes, il les jugeait bien.

Le directeur Barras, après avoir échangé quelques mots à voix basse avec son collègue Larévellière, vint à moi et me dit :

— Je suis désolé de n'avoir point été prévenu de votre visite. Je vous aurais attendu.... Mais ici, je n'ai que le plaisir de la chasse à peu près, et je chasse.... je chasserai tant que je pourrai.

Et ses yeux se dirigèrent sur son collègue Larévellière, qui était loin de deviner la portée de ses paroles.

— Au reste, vous venez passer quelques jours avec moi ?

— Je pars ce soir même, répondis-je, citoyen directeur.

— Ce soir même ? Vous ne me jouerez pas ce tour-là. Au surplus, nous aurons le loisir de parler à table de bien des choses..... Je combattrai votre résolution.... vous resterez.

Barras se retira dans ses appartements et ne reparut plus dans le salon, qui se remplissait à vue d'œil de nouveaux arrivants, qu'une demi-heure avant le dîner.

Une table somptueusement servie, où plus de quarante convives prirent place, se trouva dressée dans une vaste salle qui surpassait en élégance et en richesse les plus belles salles à manger de Versailles et de Saint-Germain. Deux buffets d'ébène d'une structure colossale, qui ornaient jadis les gigantesques chambres du château de Chambord, étalaient aux deux extrémités de la salle leurs merveilleuses sculptures, auxquelles l'éclat des amphores de cristal , des coupes de vermeil et les reflets d'une argenterie nombreuse prêtaient une teinte mystérieuse.

Barras , vêtu d'un costume fantasque, pittoresque , étincelant de broderies , de pierres précieuses et de plumes , était assis au centre de la table , ayant , sur une espèce de trône , à sa droite, Mme Buonaparte, à sa gauche, Mme Tallien. Le maître de la France se trouvait ainsi , comme la patrie elle-même , entre Notre-Dame de septembre et Notre-Dame des victoires.

J'étais placé à côté de Mme Buonaparte, et ce fut dans sa voiture que je revins avec elle le lendemain à Paris, après avoir passé au château de Grosbois une de ces journées qui font époque dans la vie d'un homme. En effet, j'avais vu Lucullus, il ne me restait plus qu'à contempler Sylla (1).

Quelques mois avant ma visite à Grosbois, le 11 pluviose an V (2 février 1797), un certain citoyen nommé Malo, commandant de la force armée à l'Ecole militaire, faisait arrêter trois hommes qui sortaient de chez lui. Conduits au bureau central de police, et interrogés, ils déclarent être : l'un Berthelot de la Villeurnoy, ancien maître des requêtes ; l'autre Charles Brotier, mathématicien, ancien ecclésiastique ; le troisième Théodore Dunan, épicier en gros, lequel avoua être ensuite le chevalier Duverne de Presle, ancien officier de marine.

Les papiers saisis sur eux déposaient, et

(1) Sous le rapport de l'éloquence et du naturel, Barras ne peut être comparé sans doute à Lucullus, mais il lui ressemblait par les prodigalités et les goûts voluptueux. Lucullus protégea Sylla, comme Barras protégea Buonaparte.

ils l'avouaient, qu'ils étaient les agents ou commissaires de S. M. Louis XVIII, alors retiré en pays étranger, et que leur mission était de travailler au rétablissement de la monarchie.

L'un de ces papiers était ainsi conçu :

« Le Roi donne pouvoir aux sieurs Brotier et Duverne de Presle, d'agir et parler en son nom en tout ce qui concerne le rétablissement de la Monarchie. Ils pourront se donner un adjoint à leur choix, qui partagera leurs fonctions et leurs pouvoirs. Ils devront faire en commun tous les actes relatifs à leur mission, à moins que l'un d'entr'eux ne soit autorisé par les deux autres à agir séparément pour le cas dont ils seront convenus. Ils pourront choisir les agents secondaires dont ils croiront devoir se servir et en tel nombre qu'ils jugeront nécessaire. Le tout à la charge par eux de se conformer aux instructions annexées au présent pouvoir.

« Fait à Vérone, le vingt-cinquième jour du mois de février, l'an de grâce 1799 et de notre règne le premier.

» Signé : Louis. »

Le Directoire envoya un message au Conseil des Cinq-Cents, qui chargea Jean de Bry de lui faire un rapport sur cette conspiration. Puis, sur un autre rapport du ministre de la justice, arrêté du Directoire, qui ordonne que les prévenus de cette conspiration seront traduits devant le Conseil de guerre de la 17° division militaire.

Je connaissais MM. de la Villeurnoy et Duverne de Presle, j'aurais regardé comme un devoir de concourir à leur défense. Mais la confiance de mes concitoyens venait de m'appeler sur les siéges de la Législature. J'entrais au Conseil des Cinq-Cents, et les devoirs publics devaient nécessairement l'emporter sur les sympathies d'opinions.

IV.

Le Conseil de guerre, qui siégeait dans
une des salles de l'Hôtel-de-Ville, et qui,
jusqu'alors, n'avait eu à juger que des
soldats, accusés de désertion, d'indisci-
pline ou d'autres délits militaires, fut

chargé de prononcer sur le sort de MM.
Brotier, Duverne de Presle, la Villeurnoy,
Poly et leurs dix-huit complices, accusés
d'avoir voulu embaucher les chefs de la
garde du Directoire et du Corps-Législa-
tif, pour parvenir au renversement de la
République et au rétablissement de la
monarchie.

Les débats s'ouvrirent le 27 ventose.
Une foule considérable de curieux enva-
hit de bonne heure toutes les avenues de
l'Hôtel-de-Ville.

Après la lecture de l'acte d'accusation,
qui ne dura pas moins de deux heures,
le président adressa plusieurs questions
à l'abbé Brotier, qui se borna à répondre
qu'il n'était point militaire ; qu'il n'appartenait en rien à l'armée ; qu'à aucun
titre, il n'était et ne pouvait être justi-
ciable d'un conseil de guerre ; il requé-
rait son renvoi devant la justice ordi-

naire. MM. de la Villeurnoy, Duverne de Presle, Poly et les autres accusés, répondirent dans le même sens.

Le débat s'engagea sur ce déclinatoire, et les défenseurs des accusés portèrent successivement la parole pour démontrer l'incompétence du conseil de guerre.

« Parmi les singularités sans nombre que l'histoire de la révolution française offrira à la méditation ou à la curiosité des générations futures, s'écria M⁰ Dommanget, défenseur particulier de la Villeurnoy, ce ne sera pas une des moins piquantes que d'avoir vu, à la fin du XVIII⁰ siècle, au sein de la commune centrale de la République, à cent lieues de toutes parts des ennemis, des armées et du théâtre de la guerre, un conseil de guerre convoqué d'après les ordres du Directoire exécutif et sur le rapport du ministre de la justice (1), pour juger, sous le prétexte d'un crime d'embauchage, non-seulement un marchand épicier (2), un prêtre et un ancien magistrat, mais encore des femmes, et quelles femmes! de pauvres filles officieuses employées au détail du ménage, une jeune fille de quatorze ans, et pour rendre la bizarrerie plus frappante encore, une ex-religieuse!... »

Malgré les efforts des défenseurs, le déclinatoire fut repoussé par le conseil, et ce même conseil refusa obstinément de consacrer le rejet par un jugement.

(1) M. Pastoret, quelque temps après, dénonça au Conseil des Cinq-Cents la lettre écrite par Merlin (de Douay) alors ministre de la justice, aux membres du Conseil de guerre appelés à juger la Villeurnoy. Le ministre disait : « Les jugements militaires doivent être prompts : ceux qu'ils frappent doivent être exécutés sur l'heure, à l'instant, sur-le-champ. »

(2) J'ai dit que ce prétendu épicier en gros était M. Duverne de Presle, qui abandonna son pseudonyme à l'ouverture du véritable débat.

« Eh quoi donc ! s'écrie M⁰ Lebon, défenseur de Brotier , vous rejetez notre
déclinatoire, et vous ne voulez pas nous
délivrer de jugement de ce rejet ! Faut-il
que je vous rappelle un nom à jamais
exécré , celui de Fouquier-Tinville ! Eh
bien ! rappelez-vous que le principal mo-
tif de la condamnation de ce scélérat fut
qu'il avait envoyé à l'échafaud plusieurs
victimes , sans même qu'il existât à leur
égard aucune trace de jugement..... Je
vous demande donc avant tout un jugement en forme sur notre déclinatoire,
que ce jugement soit consigné dans votre
procès-verbal , et qu'il nous en soit délivré acte. »

Le président persista dans son refus ,
et , le lendemain 29 ventose, il ouvrit la
séance par une longue lettre du ministre
de la justice , dans laquelle ce ministre
essayait d'établir, par de nouveaux argu-

ments, que les conseils de guerre n'étaient aucunement tenus de faire droit préliminairement sur les déclinatoires qui leur sont proposés sous prétexte d'incompétence , et qu'ils ne devaient y statuer qu'après l'instruction du fond , et en même temps que sur le fond. Ce ministre terminait par inviter le conseil, et par lui ordonner même , de passer outre au jugement des accusés, quand bien même ils s'obstineraient à ne pas vouloir répondre sur le fond de l'accusation portée contre eux.

Cette jurisprudence souleva l'indignation des défenseurs , et , il faut aussi le constater, de la majorité des juges. Après la lecture de cette lettre , indigne en tous points d'un ministre de la justice et d'un républicain sincère, le président demanda à l'accusé la Villeurnoy s'il était disposé à répondre.

« Le sacrifice de ma vie est fait, répondit la Villeurnoy, mais je dois songer que
je suis père, et qu'en cette qualité je ne
dois pas laisser à mes enfants un exemple
de lâcheté, en reconnaissant la compétence du conseil. J'ai été magistrat pendant vingt ans ; il m'est passé sous les
yeux bien des atrocités, mais la lettre du
ministre qu'on vient de lire est peut-être
ce que j'ai entendu de plus monstrueux.
Jamais, non, jamais, je n'ai rien vu d'aussi atroce que cette lettre. Il a soif de notre
sang, je le vois, eh bien ! je lui offre le
mien, qu'il le boive.

— Il serait pourtant à propos, reprit
le président d'une voix émue, que les accusés qui ne veulent pas répondre disent
au moins ce qui peut être utile à la décharge de ceux qui sont accusés de com-
plicité avec eux.

La Villeurnoy, Duverne de Presle et

Brotier se levèrent spontanément sur leurs bancs et s'écrièrent :

— Oui, oui, nous dirons tout ce qùi peut être à la décharge des autres; mais pour nous, nous ne dirons rien que la compétence ne soit jugée.

Aux termes de la Constitution de l'an IV, le Tribunal de cassation était investi du pouvoir suprême en matière de juridiction et de compétence. Les défenseurs invoquèrent sa décision souverainé, et un arrêt de ce Tribunal ordonna préliminairement l'apport à son greffe des pièces de la procédure commencée au conseil de guerre, pour ensuite être statué ce qu'il appartiendrait. Une expédition de cet arrêt fut aussitôt notifiée au secrétaire greffier du conseil de guerre.

Mais par une violation manifeste de la Constitution, un nouvel arrêté du Directoire fait défense à tout agent de l'autorité publique de prêter son ministère à l'exécution de l'acte émané du Tribunal de cassation.

Cet arrêté, placardé dans Paris, produisit une sensation extraordinaire. On se demandait hautement si les Commissions militaires allaient remplacer le Tribunal révolutionnaire, et si le régime de la Terreur, qu'on croyait étouffé dans le sang, allait refleurir sous le patronage de la loi des suspects (1).

Profondément affligé de l'atteinte portée aux lois organiques de l'État et à sa propre autorité, le Tribunal de cassation

(1) Le 17 septembre 1793, Merlin fit rendre le fameux décret sur les suspects, qui, d'un bout de la France à l'autre, remplit les prisons et y rassembla une foule immense de victimes, qui périrent ensuite sur les échafauds. C'est encore à Merlin que l'on doit le décret pour l'organisation du Tribunal révolutionnaire. Le même conventionnel fit aussi révoquer une loi de 1791, portant qu'en cas du partage des voix, dans les Tribunaux criminels, l'avis le plus doux l'emporterait.

envoya, le 2 germinal an V, une députation au Corps législatif, pour se plaindre
de cette infraction à l'Acte constitutionnel, qui attribuait exclusivement à ce
Tribunal le règlement de toutes les questions de compétence et conflits de juridiction, qui défendait au Corps législatif
même, à plus forte raison au Directoire
exécutif, d'annuler ou paralyser l'exécution du jugement de ce Tribunal suprême.

Le Corps législatif passa à l'ordre du
jour.

Alors les défenseurs des accusés, hors
d'état de lutter plus longtemps avec un
pouvoir prévaricateur, revinrent auprès
de leurs clients et les invitèrent à répondre à toutes les questions qui leur seraient
faites sur le fond de l'accusation, sans
se départir néanmoins de leur déclinatoire,

MM⁶⁶ Lebon pour Brotier , Guichard pour Duverne de Presle , Dommanget pour Berthelot de la Villeurnoy, Chauveau-Lagarde , l'éloquent et courageux défenseur de la reine Marie-Antoinette , pour Poly et les autres accusés , réduisirent à leurs justes proportions le prétendu crime d'embauchage reproché à leurs clients. Ils démasquèrent la conduite du sieur Malo , et prouvèrent que les véritables provocations au meurtre et à la guerre civile partaient, non des accusés , mais de leur dénonciateur, de ce Malo , qui n'était après tout qu'un agent provocateur.

« Je conçois , je le répète , je soutiens même , dit Me Chauveau-Lagarde dans sa chaleureuse plaidoirie, qu'un honnête homme peut dénoncer une conspiration, s'il importe à la sûreté publique de la connaître ; mais qu'un homme aille dénoncer à la justice celui qu'il aura lui-même entraîné ! c'est là ce qui confond tous les principes de morale, d'humanité, de politique.

» Ce sera à la justice à examiner la force de la dénonciation d'un dénonciateur qui convient qu'au lieu que ce soit les accusés qui aient employé des moyens de séduction sur lui, c'est lui qui en a employé sur eux (1). »

Après avoir caractérisé le délit d'embauchage et fait de nouvelles réserves sur la compétence du conseil de guerre, le défenseur aborde avec une merveilleuse adresse les points culminants de l'accusa-

____

(1) Malo, à l'entrevue du 11 pluviose à l'Ecole-Militaire, avait proposé de son chef d'exterminer tous les membres du Directoire, partie de ceux du Corps législatif, les ministres et autres; que ce serait l'affaire d'une nuit. Les accusés repoussèrent avec horreur cette proposition ; et comme il insistait et menaçait d'agir au premier jour, ils l'engagèrent à écrire une lettre à Louis XVIII. (Plaidoyer de M° Guichard.)

tion , qu'il détruit pièce à pièce , et termine ainsi son brillant plaidoyer :

« D'un côté, je vois l'anarchie qui vous
entoure, environnée des serpents de l'en-
vie : d'une main, elle vous montre les lois
sanguinaires , et de l'autre , elle tient la
torche ardente de la discorde. Entendez-
vous qu'elle vous crie : — Exterminez les
accusés !!!...

» De l'autre côté , je vois dans les assemblées primaires le peuple qui vous
crie d'un air affligé : — Ne condamnez pas
les accusés , mais renvoyez-les devant
leurs juges naturels !!!...

» Vous voilà dans cette position , avec
la seule différence que vous ne prononcerez pas sur le sort des accusés , et que,
tandis que vos concitoyens fondent la
paix par la victoire , vous l'assurerez par
la justice ; par là, vous attirerez sur vous
la reconnaissance universelle et l'admira-

tion de la postérité. Mais si vous alliez juger, si vous alliez vous tromper, si vous alliez répandre le sang innocent, ah ! vous ne pourriez pas faire comme ce magistrat qui paya de son argent un procès qu'il avait fait perdre par sa négligence. Non, vous ne pourrez plus réparer cette erreur ; renvoyez-les donc devant leurs juges naturels : s'ils sont coupables, la justice ne perdra pas ses droits. Or, ici, Malo convient qu'il s'est couvert d'un masque, du manteau du royalisme. Ainsi puisque Malo était un royaliste aux yeux des accusés, il ne peut y avoir d'embauchage. Cette vérité est constatée par Malo lui-même.

» S'ils sont, au contraire, innocents, l'humanité n'aura rien à vous reprocher ; et, quand on saura le jugement que vous allez porter, vous entendrez répéter partout avec respect et attendrissement : —

Ils sont les protecteurs de la justice et de l'humanité !!!.,. »

Les débats terminés , le président du conseil de guerre mit aux voix la question du déclinatoire invoqué par les accusés, et le conseil déclara, à l'unanimité, qu'il se reconnaissait compétent.

Brotier, Duverne de Presle , Berthelot de la Villeurnoy et Poly, furent condamnés à la peine de mort, en vertu de la loi du 4 nivose an IV, dont l'article 1er est ainsi conçu :

« Tout embaucheur pour l'ennemi, pour l'étranger, ou les rebelles, sera puni de mort ; ses biens seront confisqués. »

Les dix-huit co-accusés furent déclarés non coupables.

Mais le conseil de guerre, « considérant que les suites du délit n'ont point été funestes à la République ; que l'extrême franchise des accusés principaux dans les débats a démontré en eux plutôt l'erreur et le fanatisme de l'opinion, que le dessein prononcé de nuire aux intérêts de l'État; que d'ailleurs, la puissance du gouvernement actuel le met à l'abri des dangers qui pourraient résulter de l'existence des coupables; et, voulant user à leur égard de la faculté qui lui est accordée par l'art. 26 de la loi du deuxième jour complémentaire de l'an III, de commuer, ou même diminuer la peine, suivant les circonstances atténuantes de la gravité du délit;

» Le conseil commue, à l'unanimité, la peine de mort encourue par les nommés Brotier, Duverne de Presle, Berthelot de la Villeurnoy et Poly, et condamne, savoir: les nommés André-Charles Brotier et Thomas-Magdeleine Duverne de Presle (désigné au commencement de la procédure sous le nom de Théodore Dunan),

l'un et l'autre à dix années de réclusion,
et le nommé Frédéric-Charles-Guillaume
Poly, à la peine de cinq années de réclusion; le nommé Charles-Honoré Berthelot
de la Villeurnoy à la peine d'une année
de réclusion. »

Cette commutation de peine ou plutôt ce correctif à une procédure anti-lé-
gale et anti-constitutionnelle, causa dans
Paris une satisfaction générale. Les membres du conseil de guerre furent, à leur
sortie de l'Hôtel-de-Ville, accueillis par
des vivats et des bravos prolongés. Le
culte de la victoire avait remplacé celui
de l'échafaud, et les noms de Hoche, de
Joubert, de Masséna, de Moreau et de
Buonaparte avaient glorieusement suc-
cédé dans les entretiens populaires aux
noms hideusement célèbres de Marat,
d'Henriot, d'Hébert, de Robespierre, de
Fouquier-Tinville. Au surplus, le Direc-

toire se vengea de ce triomphe de l'opinion publique en enveloppant MM. de la
Villeurnoy, Brotier, Duverne de Presle et
Poly dans la Saint-Barthélemy directo-
rienne. Ces Messieurs furent , pour em-
prunter le langage du temps, *fructidori-
sés*, c'est-à-dire qu'on les condamna à la
déportation sans procès et sans jugement , ce qui est , pour tous les gouver-
nements possibles , une méthode aussi
prompte que facile de se débarrasser de
ses ennemis.

Je crains de m'être trop étendu sur
cette conspiration de l'an V, qui n'était,
à proprement parler , qu'une intrigue
ourdie ; mais l'attitude du Directoire
dans cette affaire , et surtout le mépris
qu'il afficha pour la Constitution en vertu
de laquelle il régnait , m'ont paru méri-
ter quelques développements. Je reviens
à l'ordre chronologique des faits.

Buonaparte, couvert des lauriers italiques, venait d'arriver à Paris. Il avait traversé la Lombardie, le Piémont, la Suisse, une partie de l'Allemagne, aux acclamations des peuples qu'il avait soumis ou sauvés, et se présentait devant le Directoire, entouré du prestige de ses victoires et le traité de Campo-Formio à la main. Les Directeurs, effrayés de la popularité du jeune général, voulurent conjurer, par une fête triomphale, l'orage qui grondait sur leur tête. Ne pouvant se faire forts, ils se firent magnifiques; mais cette grandeur empruntée ne trompa personne. A travers cette pourpre, on devina l'agonie du pouvoir qui pesait sur la patrie.

La vaste cour du palais du Luxembourg, métamorphosée en temple, ruisselait d'or et de drapeaux. Sur des estrades recouvertes de velours bleu siégeaient, vêtus de leurs toges antiques, les membres du Conseil des Anciens et du Conseil des Cinq-Cents ; au-dessous d'eux, les ambassadeurs, les ministres et les envoyés des puissances alliées de la République française, étaient assis sur des chaises curules ; au fond de ce sanctuaire, étoilé de couronnes de chêne et de laurier, trônaient les Directeurs, drapés en costumes antiques. Les drapeaux conquis en Italie flottaient au-dessus de leurs têtes, comme l'épée de Damoclès ; car Buonaparte, à l'exemple du duc de Vendôme après la bataille de Villaviciosa, avait voulu parer des épaves de sa gloire les hommes qui tenaient de son invincible épée leur autorité et leur puissance.

Le général Buonaparte, vêtu de cet uniforme austère qu'il portait à Arcole et à Rivoli, s'avança au milieu d'un brillant et nombreux état-major, précédé des gé-

néraux Joubert et Andréossy, qui portaient le drapeau donné par le Corps-
Législatif à l'armée d'Italie. Le citoyen
Talleyrand, ministre des relations exté-
rieures, présenta le jeune général aux Directeurs, et prononça un discours dont
je rappellerai les traits suivants :

« C'était, n'en doutons point, dit M.
de Talleyrand, pour conquérir l'amour
et la vertueuse estime des Français, que
Buonaparte se sentait pressé de vaincre...
Tous les Français ont vaincu en Buonaparte... Tout en lui est l'ouvrage de cet
amour insatiable de la patrie et de l'humanité, et c'est là un fonds toujours ouvert, que les belles actions, loin de
l'épuiser, remplissent chaque jour davantage... Il déteste le luxe et l'éclat,
misérable ambition des âmes communes,
et il aime les chants d'Ossian, surtout
parce qu'ils détachent de la terre... Ah !

loin de redouter ce qu'on voudrait appeler son ambition , je sens qu'il nous faudra peut-être le solliciter un jour pour l'arracher aux douceurs de sa studieuse retraite... La France entière sera libre ; peut-être lui ne le sera jamais... Telle est sa destinée. »

Le discours de Buonaparte fut beaucoup mieux accueilli que celui du citoyen Talleyrand. Le général le termina en présentant au Directoire le traité de Campo-Formio , ratifié par l'empereur d'Autriche.

Barras répondit à Buonaparte , et sa harangue ne fit pas fortune parmi les assistants. Dans le nombre des pensées dont son discours était semé , on remarqua seulement celle-ci : « La nature a épuisé toutes ses richesses pour créer Buonaparte. » Et plus loin : « Buonaparte a médité ses conquêtes avec la pensée de

Socrate ; il a réconcilié l'homme avec la guerre. »

Toutes ces adulations lassèrent la patience des auditeurs et de Buonaparte lui-même. On abrégea autant qu'on put la cérémonie, et députés, ambassadeurs, généraux, ministres, se retirèrent les yeux fatigués de ce luxe oriental, le cœur affadi de ces hypocrites manifestations, arrachées à la couardise, à l'ambition, à une politique astucieuse.

V.

Le régime de la Terreur avait brisé les
liens sociaux ; l'avènement du Directoire
au timon de l'Etat les rétablit en peu de
temps. Les réunions de famille reprirent
leur cours, des cercles se formèrent, d'anciens salons se rouvrirent : la nation tout

entière parut vouloir se consoler, en re-
prenant avec ferveur le culte des beaux-
arts, des lettres et de la politesse. Dans le
nombre des maisons qui devinrent sous
le Directoire le rendez-vous de la bonne
compagnie, je citerai celle de Mlle de Mersenne , arrière petite-nièce de l'illustre
et savant religieux auquel la France doit
peut-être l'un de ses plus beaux gé-
nies (1).

Mlle de Mersenne, ancienne chanoinesse
du chapitre noble de Largentières , possédait une fortune de quarante mille livres de rentes. Le digne usage qu'elle

----

(1) Dès 1640, il se forma dans Paris, dit M. François
de Neufchâteau , une société de physique et de mathé-
matiques composée d'hommes instruits dans les sciences, qui se rassemblaient d'abord chez le père Marin
Mersenne, minime. De ce nombre, étaient nos célèbres
philosophes René Descartes, Pierre Gassendi, Gilles
Personne de Roberval, Pierre Fermal, Thomas Hob-
bes, anglais, Henry Oldenbourg, allemand, Robert
Boyle, anglais, Nicolas Stenon, danois. Telle fut la

faisait de ses richesses la sauva des orages de la Révolution ; elle dut la tranquillité dont elle jouit dans les jours les plus difficiles, à son inépuisable bienfaisance qui soulageait également les malheureux sans distinction de cocardes ou d'opinions.

Sa maison, qui était située rue des Tournelles au Marais, presque à côté de l'hôtel habité jadis par Ninon de Lenclos, avait été surnommée par le peuple la *Boulangerie*, et certes, jamais sobriquet honorable n'avait été décerné avec plus de justice. Mlle de Mersenne, dans la disette de 1793, 1794 et 1795, fit distribuer

première origine de la Société royale de Londres et de notre Académie des sciences. Formée d'abord dans la cellule du père Mersenne, la réunion des savants de Paris passa dans l'hôtel du maître des requêtes Montmaur, et ensuite chez Melchisedech Thevenot, fameux voyageur, garde de la bibliothèque du roi. M. Pascal père et son fils (qui fut depuis l'auteur des *Lettres provinciales*), y furent admis. Pascal n'avait alors que dix-sept ans.

chaque semaine de la farine, de l'orge et du riz à plus de trois mille personnes. Sa libéralité ou plutôt sa charité n'avait point de bornes , et ingénieuse à se créer des ressources , elle se trouvait toujours en mesure d'alléger les maux les plus inattendus.

Le salon de Mlle de Mersenne avait une physionomie particulière. On n'y rencontrait point l'étiquette du salon de Mme du Deffand, encore moins le laisser-aller trop bourgeois de celui de Mme Geoffrin ; mais il participait de l'un et de l'autre par la bonhomie du commerce, par la distinction des manières , et surtout par l'adorable bonté de celle qui y régnait , et qui en faisait les honneurs avec ce tact et cette supériorité d'intelligence que peu de femmes ont possédés à un aussi haut degré que Mlle de Mersenne. Cette dame, en 1797, pouvait avoir cinquante ans , mais elle en paraissait alors trente-six. Je crois la voir encore assise dans son grand fauteuil de velours d'Utrecht, vêtue de ce costume tout à la fois mondain et religieux des chanoinesses, et parée de sa grande croix d'or, qu'elle n'avait pas voulu quitter, même au plus fort de la Terreur (1).

Mlle de Mersenne recevait tous les *déca-*

(1) On appelait chanoinesses avant la révolution, les filles nobles qui possédaient une prébende. Elles n'étaient point obligées de renoncer à leur bien ni de faire des vœux. Le concile d'Aix-la-Chapelle en 816 fit une règle pour les chanoinesses. Il existait aussi une sorte de religieuses qui suivaient la règle de saint Augustin, et qu'on appelait à cause de cela chanoinesses de saint Augustin. Leur habillement consistait en une robe longue de serge blanche avec un surplis de toile fine sur la robe, un voile noir sur la tête et une aumusse sur le bras. Rien n'était plus gracieux, plus élégant, en même temps plus modeste que ce costume. Les chanoinesses de saint Augustin avaient des abbesses que le roi nommait ; et quand on parlait à ces chanoinesses on les appelait *madame*. C'était en effet ainsi que l'on appelait Mlle de Mersenne, dès l'instant où l'absurde titre de citoyenne eut cessé d'être en vigueur à Paris.

dis. Je manquais rarement de me rendre à ses soirées, qui réunissaient tout ce que Paris renfermait alors de personnes de quelque valeur dans les arts et dans les lettres. C'est là que je connus trois hommes dont le souvenir me sera toujours cher. Ces trois hommes, que Mlle de Mersenne nommait spirituellement ses trois Apicius (1), étaient Berchoux (2), Bril-

(1) Il y avait eu à Rome, effectivement, trois personnages célébrés par leur gourmandise, du nom d'Apicius. Le premier était contemporain de Marius et de Sylla; le second vivait sous Auguste et Tibère. Il donna son nom à des gâteaux composés de miel, de raisins, de figues et de safran; institua à Rome une école publique de gourmandise, et composa un traité sur la manière d'aiguiser l'appétit, intitulé : *De Gulœ irritamentis.* Pline l'appelle *Nepotum omnium altissimus gurges.* On sait que cet Apicius s'empoisonna, parce qu'il ne lui restait plus pour vivre que deux cent cinquante mille livres de rentes. Le troisième des Apicius florissait sous Trajan, et n'était pas indigne du nom qu'il portait. Il avait un secret admirable pour conserver les huîtres dans leur fraîcheur, et Pline nous assure qu'il en envoya à Trajan dans le pays des Parthes.

(2) Berchoux avait été nommé juge de paix dans son

lat - Savarin (1) et Grimod de la Reynière (2).

pays natal, au commencement de la Révolution. Il avait
aussi porté les armes. Rien n'était plus plaisant que de
lui entendre raconter ses sentences et ses campagnes.

(1) Brillat-Savarin, député du Tiers-Etat du Bugey
aux Etats-Généraux, était lieutenant civil au bailliage
de Belley. Il parla quelquefois dans cette assemblée, et
se fit remarquer par la lucidité et la droiture de ses
opinions. Brillat-Savarin vota pour le maintien de la
peine de mort, et dit dans la séance du 30 mai 1791 :
« Si vos comités ont cru faire preuve de philosophie en
vous proposant d'abolir la peine de mort, ce n'est
qu'en rejetant leur projet que vous prouverez combien
la vie de l'homme vous est chère. »

Brillat, devenu président du Tribunal civil de l'Ain,
maire de Belley, fut dénoncé, comme fédéraliste. Il se
sauva en Suisse, et de la Suisse, il passa aux Etats-Unis.
Ses biens avaient été séquestrés et vendus en France.
Brillat fut obligé, pour exister, de donner, à New-
Yorck, des leçons de langue et des leçons de musique.

Son heureux caractère lui fit supporter la mauvaise
fortune avec calme et résignation, et il ne perdit rien de
sa gaîté habituelle. En 1796, il revint en France,
occupa une place de secrétaire à l'état-major des armées
de la République, fut ensuite nommé commissaire du
Directoire près le Tribunal de Seine-et-Oise, et enfin
conseiller à la Cour de cassation, lorsque cette Cour
fut réorganisée sous le Consulat. Brillat y resta jusqu'à
sa mort, qui arriva en 1826, à la suite d'un refroidisse-
ment qu'il gagna le jour de la cérémonie commémora-

Berchoux avait pris parti dans la ré-
daction de la *Quotidienne*, et enrichissait
alors cette feuille de charmants articles
de critique et de littérature. Il travaillait
aussi à son poème de la *Gastronomie*, qui

tive de la mort de Louis XVI, dans la vieille basilique
de Saint-Denis.

Brillat était d'une haute stature; notre ami commun, Henry Larivière, ex-conventionnel, et comme lui
conseiller, l'appelait plaisamment le tambour-major
de la Cour de cassation. Mais, contrairement au pro-
verbe latin, le développement de la taille de Brillat
n'avait nui en rien aux facultés de l'intelligence. L'écrivain charmant qui nous a donné la *Physiologie du
goût* était un jurisconsulte profond, un moraliste fin,
un archéologue éminent. Brillat a fait un *Essai historique et critique sur le duel*, fort estimé, et un *Mémoire* très curieux sur les antiquités du département
de l'Ain. Le lecteur me pardonnera de m'être étendu si
longuement sur ce sujet, mais l'amitié est prolixe dans
ses regrets et dans ses souvenirs.

(2) Grimod de la Reynière était né sans mains; dès
son enfance, un mécanicien allemand avait adapté aux
moignons qui terminaient ses bras deux mains artifi-
cielles admirablement articulées. Grimod s'était si
bien familiarisé avec ses mains d'emprunt, qu'il décou-
pait à table avec une merveilleuse dextérité, et qu'il
était même parvenu à toucher du clavecin et à jouer
du violon.

devait le placer si haut, trois ans plus tard, dans l'estime des amis de la table et des beaux vers.

Brillat-Savarin, alors commissaire du Directoire près le tribunal de Seine-et-Oise, se consolait de la perte d'une fortune considérable, en écrivant sa *Physiologie du goût*, spirituelle conception, qui a placé son auteur au rang des philosophes et des penseurs les plus aimables de son temps.

Grimod de la Reynière, fils du fermier-général de ce nom, et neveu de M. de Malesherbes, préludait, dans sa jolie maison du faubourg Saint-Honoré, à ces ingénieuses publications de l'*Almanach des Gourmands*, qui mirent en relief l'originalité de son esprit, la justesse de son jugement et la piquante élégance de son style.

Grimod de la Reynière avait été avocat au Parlement, et aurait sans doute fini, appuyé par M. de Malesherbes, par jouer un grand rôle dans la magistrature, s'il n'eût été exilé, en 1788, à la suite d'un mémoire publié pour M. Duchosal, contre le poète Saint-Ange. Ne pouvant pas être Cicéron, il se fit Épicure.

La table de Mlle de Mersenne était célèbre à Paris par sa délicatesse et sa somptuosité ; aussi les trois Apicius manquaient-ils rarement de venir s'y asseoir aux jours indiqués. Il faut avoir assisté à ces festins charmants, derniers reflets des soupers délicats du XVIIIᵉ siècle, pour se faire une idée de la grâce, de l'esprit, de l'enjouement qui y régnaient. On dînait à deux heures chez Mlle de Mersenne : c'était une vieille coutume dont elle n'avait pas voulu se départir, mais le repas se prolongeait souvent jusqu'à six et sept heures du soir. Le dessert, comme au bon vieux temps, était le signal d'une joie pure et franche ; avec le vin de champagne pétillaient les bons mots, les saillies heureuses, les controverses piquantes ; le plaisir nivelait alors toutes les positions sociales et jetait un voile d'azur sur les dissidences politiques ; le républicain fraternisait avec le royaliste, le modéré avec l'ultra-patriote. Une seule pensée dominait les convives, et cette pensée était : *Union et oubli.*

— Madame, disait Beaumarchais à Mlle de Mersenne, j'appelle votre maison l'*Hôtel de la Concorde*, et, certes, elle mérite mieux ce nom que la triste place Louis XV.

Le père de *Figaro* avait raison.

Le rire sied bien aux gens qui ont échappé à de grands périls. Combien de fois le bon Savarin excita-t-il notre hila-

rité en prononçant l'éloge funèbre de son
chér vignoble de *Machura* , séquestré et
vendu par la nation ! Avec quelle verve,
avec quel accent comique, Grimod de la
Reynière me rappelait-il le fameux dîner
qu'il avait offert , en 1787, à l'Ordre des
avocats, dîner où l'on ne pouvait être admis qu'en faisant preuve de roture ! Berchoux , qui nous récitait à brûle-pourpoint des fragments de son poème , et le
bon Laujon , qui nous reportait par ses
chansons au temps de Panard , de Gallet
et de Favart , achevaient d'imprimer aux
réunions et aux dîners de Mlle de Mersenne un cachet éminemment national.

Grimod était sujet , pour me servir de
l'expression anglaise, à de grandes excen-
tricités. Un jour, il envoya à Mlle de Mersenne un pâté de trois pieds de haut et
de deux pieds et demi de diamètre ; il
fallut étayer la table pour y exposer ce

pâté colossal qui contenait une moitié de chevreuil , des lièvres , des perdrix , des faisans et une multitude de grives et de cailles. Ce fut à ce dîner , qui devint , grâce à la présence des trois Apicius, une espèce de congrès gastronomique , que l'aimable docteur Corvisart nous cita cette épigramme fort peu connue, de Fure-tière :

> On disputait avec chaleur
> Quel mal faisait plus de douleur ;
> Tel disait : C'est la sciatique,
> Tel, la pierre, tel, la colique,
> Quand Montmort (1), l'un des contendants,
> Dit que c'était le mal de dents.

— Ah ! docteur , s'écria Berchoux , Montmort disait là une grande vérité ,

(1) Pierre Arnoud de Montmort, d'une famille noble et riche, étudia d'abord la jurisprudence; son père voulait faire de lui un magistrat. Mais n'ayant aucun goût pour la robe, il se sauva en Angleterre, passa de là en Allemagne et dans les Pays-Bas, et ne revint en France que deux mois avant la mort de son père, qui

et je veux, comme Harpagon, inscrire cette épigramme sur les murs de ma salle à manger..... quand la Fortune me permettra d'en avoir une.

— La Fortune ! la Fortune ! Entendrai-je toujours parler de cette fabuleuse dispensatrice des biens d'ici-bas, reprit Savarin :

> Elle est prise à garant de toutes aventures,
> Est-on sot, étourdi, prend-on mal ses mesures ?
> On pense en être quitte en accusant son sort.
> Le bien, nous le faisons, le mal, c'est la Fortune.

— Vous en parlez bien à votre aise, Brillat, répliqua Berchoux. Il ne convient qu'aux gens heureux d'être optimistes ; laissez donc aux pauvres diables

lui laissa une fortune très-considérable. Maître de ses actions, Montmort s'adonna à l'étude de la philosophie, se fit disciple de Mallebranche, et renouvela, dans sa belle terre de Montmort, les fêtes culinaires de Lucullus.

un os à ronger , une Fortune à accabler d'invectives de malédictions. Les plaideurs ont vingt-quatre heures pour maudire leurs juges au Palais. Laissez les artistes et les écrivains se plaindre toute leur vie des iniquités du sort.

— Eh ! bon Dieu ! reprit Savarin, je ne vous empêche pas de vous plaindre ; mais je vous ferai observer que les jérémiades sont des coups d'épée dans l'eau. J'ai possédé de bonnes terres , de bonnes fermes , de bonnes maisons , je ne les ai plus ; eh bien ! de tout cela , je ne regrette que mes bonnes vignes de Machura.

— Ah ! nous y voilà ! interrompit Grimod de la Reynière : *Ecce iterum Crispinus*, il souvient toujours à Robin de ses flûtes. Brillat et vous, Berchoux, j'ai été plus riche que vous, et je ne possède pas aujourd'hui la trentième partie de la fortune de mon père. Malgré cela , je mène douce et joyeuse vie. L'homme d'esprit , Messieurs , et nous en avons tous ici , ajouta-t-il en s'inclinant , est supérieur à tous les événements.

Le malicieux Andrieux , l'auteur du *Moulin de Sans-Souci* et des *Etourdis* , riait sous cape à l'autre bout de la table. Il rompit le silence en entendant cette rodomontade épicurienne.

— L'homme d'esprit , dit-il de cette voix frêle qui donnait tant de charme à ses conseils, n'est pas supérieur aux événements, mais il s'arrange de façon à les faire tourner à son profit.

La réflexion d'Andrieux fut généralement applaudie.

Un peintre qui existe encore aujourd'hui et qui est une des gloires de l'école française, se trouvait au nombre des convives. Ce jeune homme venait de remporter le premier prix de peinture, et, sous l'influence des lauriers académiques, il rêvait la vie de Raphaël et de Rubens.

— J'aurai un palais, s'écriait-il, et dans ce palais, fruit de mes travaux et de mon génie, je rassemblerai toutes les félicités humaines ! Une table splendide, un jeu d'enfer, des femmes belles comme des Almées, des amis fidèles comme Pylade. Oh ! mille fois heureux l'artiste qui peut mollement s'étendre sur la pourpre de son divan, caresser les cordes d'une lyre et presser tour à tour sur son cœur l'amphore qui crée les inspirations et la vierge qui les sanctifie !

— Est-ce bien une vie d'artiste que vous définissez ainsi ? lui demanda Andrieux avec bonhomie.

— Oui, oui, répondit l'impétueux jeune homme, Anvers et Rome, le palais Chigi (1) et l'hôtel du Grand-Maure vous apprendront bien mieux que mes paroles la vie étincelante d'honneurs, de gloire et de volupté de Raphaël et de Rubens.

— Mon jeune ami, reprit Andrieux, le doyen Swift, ayant appris que son ami Gay (2) consumait en folles dépenses le produit de son singulier opéra des *Gueux*, lui écrivit ces mots : « Vous ne pensez pas plus qu'une beauté de quinze ans à la

(1) Le palais Chigi à Rome fut illustré par les chefs-d'œuvre de Raphaël ; ce grand peintre composa pour ce seul palais plus de cent tableaux et plus de trois cents dessins, la plupart disséminés aujourd'hui dans toute l'Europe. On appelait à Anvers, au XVIIe siècle, la splendide habitation de Rubens l'hôtel du Grand-Maure, parce que ce sublime artiste y reçut *en Roi*, en 1636, un prince indien qui voyageait dans les Pays-Bas.

(2) Gay, excellent poète comique anglais, fut secrétaire de la duchesse de Monmouth, et accompagna en Hanovre le comte de Clarandon. Gay eut pour amis les plus illustres écrivains de l'Angleterre et mourut en 1732. Ce poète fut enterré à Westminster et Pope composa son épitaphe.

vieillesse , aux infirmités , à la perte de vos admirateurs. Vous ne savez pas qu'un vieux poète est la créature la plus inutile, la plus abandonnée, la plus méprisée qui soit au monde ; faites-vous un petit revenu des fonds que vous avez gagnés par votre opéra; tâchez de vous procurer une vieille gouvernante , un cheval , un petit jardin et quelques bouteilles de vin de Portugal pour vous et vos amis , et ne sacrifiez pas au vain plaisir d'être cité pour vos folies. » Mon cher G...., reprit Andrieux , le conseil est bon de tous les temps, il faut le suivre.

L'apologue fit sensation sur le jeune peintre , qui , parvenu à une haute fortune artistique , fut quelquefois magnifique, mais jamais dissipateur.

VI.

M. Creuzé-Latouche.—Ma présentation chez Mme Buonaparte. — Le directeur Gohier. — La nouvelle de la levée du siége de Saint-Jean-d'Acre. — Della Maria et Chénier. — Les Chauffeurs. — Honoraires d'un avocat.

En sortant un jour de la séance du Conseil des Cinq-Cents , M. Creuzé-Latouche (1) , mon collègue , m'accosta et me dit :

— Je suis chargé de vous faire des re-

(1) Ancien lieutenant-général de la sénéchaussée de Châtellerault, M. Creuzé-Latouche fut député de cette

proches de la part de Mme Buonaparte. Vous lui aviez promis, lorsque vous la rencontrâtes à Grosbois, chez le directeur Barras, de venir la voir, et vous êtes encore à paraître chez elle. Je vous ai excusé comme j'ai pu, et je me suis rendu votre caution en l'assurant de votre prochaine visite. Si vous voulez, nous irons dès ce soir.

Cette invitation à brûle-pourpoint m'étonna. Je me rappelais parfaitement l'exquise amabilité de Mme Buonaparte, les paroles flatteuses qu'elle m'avait adressées à la table de Barras, l'obligeance qu'elle avait eue de me reconduire à Paris dans sa voiture, mais je ne me souve-

sénéchaussée aux Etats-Généraux, puis député de la Vienne à la Convention. Elu au Conseil des Anciens, il en sortit en 1798, et fut aussitôt réélu aux Cinq-Cents. M. Creuzé-Latouche, qui se recommandait par une grande modération et de vastes connaissances, devint sénateur, et mourut en 1800.

nais nullement d'avoir brigué l'honneur de lui faire ma cour. Néanmoins, comme M. Creuzé-Latouché était un homme trop grave et trop imbu des usages de la bonne compagnie pour m'embarquer dans une démarche ridicule, je lui répondis :

— Vous savez, mon cher collègue, que je fais partie de deux ou trois commissions au Conseil des Cinq-Cents ; les travaux législatifs m'ont fait, à ce qu'il paraît, perdre la mémoire ; mais je veux réparer mon incivilité, et dès ce soir je me présente sous vos auspices chez Mme Buonaparte. Vous dînez avec moi ; le faubourg Saint-Martin n'est pas bien éloigné de la Chaussée-d'Antin, ce sera pour nous un but de promenade.

M. Creuzé-Latouche accepta la proposition, et nous dînâmes ensemble.

A sept heures, nous nous acheminâmes

vers la rue de la Victoire , où demeurait l'épouse du jeune général en chef de l'armée d'Orient.

Le petit hôtel de la rue de la Victoire avait un extérieur bien simple et bien modeste. La Chaussée-d'Antin pullulait alors de fournisseurs des armées, de banquiers , d'hommes d'affaires , de toute cette lèpre brillante qui fleurit sous un gouvernement corrompu. La plupart de ces oiseaux de proie avaient là des palais ou de fastueuses demeures ; le logis de l'homme qui avait nourri la patrie pendant deux années, qui avait porté au plus haut degré la gloire du nom français , formait un contraste étrange avec les splendides hôtels qui l'environnaient. C'était la maison de Scipion perdue au milieu des édifices superbes du Mont Janicule.

Mme Buonaparte me reçut avec cette

grâce charmante qui la caractérisait. Après m'avoir fait d'aimables reproches sur ce qu'elle voulait bien appeler mon abandon :

— J'espère , ajouta-t-elle , que désormais vous n'oublierez plus le chemin de la rue de la Victoire.

— Non, madame, répondis-je, ce nom-là et celui de Buonaparte sont trop étroitement attachés l'un à l'autre pour qu'il soit possible d'en perdre le souvenir.

Le salon de Mme Buonaparte était très fréquenté. J'y rencontrai plusieurs de mes collègues du Conseil des Cinq-Cents, et un plus grand nombre de députés du Conseil des Anciens. Des militaires , des artistes et des financiers se pressaient aussi dans ce petit espace, où devaient se préparer, quelques mois plus tard , l'un des événements les plus extraordinaires de l'histoire moderne.

Vers les dix heures, Gohier, l'un des cinq Directeurs de la République, arriva avec sa femme. M^mo Buonaparte alla au-devant d'eux, les combla de caresses, et demanda avec anxiété au Directeur si le gouvernement n'avait point reçu de nou-velles d'Egypte.

— Aucunes, répondit Gohier en fronçant le sourcil.

— A votre air, mon cher ami, dit Joséphine, il semblerait que vous en auriez reçu, et qu'elles sont d'une nature telle que vous n'osez me les dire.

— Peut-être, répartit Gohier sur le même ton.

— Ah ! mon Dieu ! s'écria Joséphine, serait-il arrivé quelque chose à Buonaparte ? Je vous en conjure, Gohier, dites-moi la vérité.

Joséphine était devenue pâle comme une morte, et les traits de sa physionomie réflétaient les agitations de son âme.

— Ma bonne amie , dit alors Mme Gohier , ne vous effrayez pas comme cela. Les journaux anglais qui sont parvenus au Directoire parlent en effet d'un échec en Syrie... mais...

— Mais Buonaparte ? interrompit Joséphine avec exaltation.

— Il se porte bien (1), reprit Mme Gohier. Calmez-vous donc, je vous en prie, la France ni vous n'avez rien à redouter.

Cette scène dramatique avait suspendu

(1) Mme Gohier ne disait pas la vérité à son amie. Les journaux anglais qui annonçaient la levée du siége de Saint-Jean-d'Acre assuraient aussi que Buonaparte avait été blessé dangereusement par un éclat d'obus. Le général en chef ne fut point blessé, mais il dut son salut au dévouement de deux grenadiers qui lui firent un rempart de leurs corps au moment où le projectile éclata dans la tranchée. Un de ces grenadiers était Daumesnil, ce brave et intrépide défenseur de Vincennes en 1814, que le peuple et l'armée connaissaient si bien sous le nom de la *Jambe-de-Bois*.

lès conversations particulières : tout le monde s'était instinctivement rapproché du groupe au centre duquel se trouvait Joséphine.

Le Directeur Gohier fut bientôt assailli de questions et il y répondit, non en rusé diplomate , mais en citoyen profondément pénétré de l'amour du bien public. Gohier est celui de tous les Directeurs dont la conduite a été la plus désintéressée et la plus pure , et il portait sur sa physionomie et dans son langage ce cachet d'honnête homme qui sied si bien à tout le monde , excepté peut-être aux hommes d'Etat (1).

— Dites-nous donc vos nouvelles de

(1) Gohier avait une âme toute républicaine, et telle était la sincérité de ses opinions et sa confiance dans une constitution librement consentie, qu'il ne pouvait supposer à personne l'idée de la renverser. Le ministre de la guerre Dubois de Crancé proposa aux Directeurs Gohier et Moulins, le matin même du 18 brumaire,

Syrie, citoyen Directeur, lui criait-on de toutes parts.

— Eh ! mon Dieu, citoyens, répondait-il avec sa grosse voix , ces nouvelles sont peut-être fausses , elles nous viennent d'Angleterre.

— N'importe, dites-nous-les.

— Buonaparte a été obligé de lever le siége de Saint-Jean-d'Acre en Syrie , reprenait le Directeur, et c'est un Français, un nommé Phélippeaux , qui nous vaut cette triste fortune. L'armée regagne l'Egypte, d'où elle n'aurait jamais dû sortir , car je ne sais où le général Buonaparte a eu l'idée d'aller assiéger cette méchante bicoque (1) !

d'arrêter Buonaparte sur le chemin même de Saint-Cloud. Gohier lui répondit:--Comment voulez-vous qu'il fasse une révolution à Saint-Cloud, puisque je tiens ici les sceaux de la République. Syeyès appelait Gohier un niais : l'histoire donnera un autre nom à Syeyès.

(1) Saint-Jean-d'Acre est célèbre dans les guerres

Le bon directeur n'avait pas reçu les confidences du général en chef, et il ignorait complétement les projets gigantesques de Buonaparte.

Cette nouvelle devint le thême de tous les entretiens dans le salon de Joséphine. Ceux-ci voyaient dans la levée du siége de Saint-Jean-d'Acre, le triste avant-coureur de l'évacuation de l'Égypte; ceux-là, plus confiants dans l'étoile du vainqueur de l'Italie, soutenaient que l'abandon de la Syrie ne causerait aucun préjudice aux affaires de la France en Orient. Et au milieu de ces mille discussions, on entendait la voix de Gohier qui disait avec le personnage de la comédie :

des croisades. Baudoin la prit sur les Sarrazins en 1101. Saladin la reprit sur les chrétiens; Richard et Philippe-Auguste s'en rendirent maîtres en 1121. Elle fut appelée par la suite Ptolémaïde.

« Que diable allait-il faire dans cette maudite galère ! »

Innocente critique d'un gouvernement débonnaire.

Mme Buonaparte, enfin rassurée sur le sort de son époux , reprit son rôle de maîtresse de maison si fatalement inter-rompu, et donna avec un tact admirable une autre direction à la conversation.

Della Maria , ce gracieux transfuge de l'Italie conquise, et qui gagnait alors ses lettres de naturalisation à l'Opéra-Comique, dont il enrichissait le répertoire par de charmants ouvrages , se mit au piano avec Mlle Hortense Beauharnais et exécuta une cantate d'un grand style , dont le sujet était , je crois , *la Prise de Malte.*

Della Maria lui-même avait fait la musique, et Marie-Joseph Chénier était l'auteur des paroles. Cette cantate qui , je pense, n'a jamais été exécutée en public, était doublement remarquable et par la magnificence des vers et par la verve étincelante d'une mélodie féconde en beautés du premier ordre.

Il était plus de minuit, quand nous quittâmes, M. Creuzé-Latouche et moi, l'hôtel de la rue de la Victoire.

— Eh bien ! me dit mon collègue, que pensez-vous de la réception qui nous a été faite ?

— Je pense, mon cher collègue, lui répondis-je, qu'il est impossible de mieux recevoir et de mieux captiver. Cette maison-là est l'île de Circé.

— Voudriez-vous donner à entendre par là que ceux qui la fréquentent subiront le sort des compagnons d'Ulysse ?

— Je ne dis pas cela, mais enfin, je crois, mon cher collègue, qu'un député vraiment pénétré de la sainteté de son mandat ne doit pas se laisser prendre aux

enivrantes paroles de Mme Buonaparte....
Cela pourrait devenir dangereux.

— Bon, bon, répartit M. Creuzé en riant, je ne sais pas prévoir les malheurs de si loin, et je me confie volontiers à la fortune de la France. Adieu, mon cher collègue ; je compte que nous nous retrouverons bientôt rue de la Victoire.

— Au Conseil des Cinq-Cents, toujours, répondis-je aussitôt, mais chez Mme Buonaparte, rarement.

Et je tins parole, car je n'y allai plus qu'une fois, trois ou quatre jours après le retour du général.

Nos funestes discordes civiles avaient donné naissance au brigandage. En 1799, la France se trouvait absolument dans le même cas qu'en 1599, après la guerre de la Ligue. Des compagnies nombreuses et aguerries de malfaiteurs sillonnaient le territoire de la République, et, sous le

nom de chauffeurs, jetaient partout l'é-
pouvante et la désolation. Le Directoire
déploya une grande énergie dans la pour-
suite de ces assassins, et les diverses Cours
de justice criminelle furent saisies des
procédures immenses que nécessitaient
des centaines d'arrestations. Le tribunal
criminel de la Seine eut une fois, pour sa
part, dix-sept chauffeurs à juger.

Un des hommes les plus fortement
compromis dans cette dangereuse bande,
fit appeler M. G...., avocat de l'ancien
Barreau.

M. G.... plaidait peu au criminel, mais
il avait une grande réputation d'éloquence et de vertu, et les voleurs comme
les honnêtes gens, aiment à confier leurs
intérêts à des hommes environnés de l'estime publique.

— Monsieur, dit le bandit, je ne vous
dirai pas que je suis innocent, l'hypocri-

sie n'est pas mon fort ; je ne vous dirai pas non plus que je suis coupable, ce serait une sottise. J'arriverai tout franchement au but : je vous déclare donc que si vous parvenez à me conserver la tête sur les épaules, je vous prierai d'accepter vingt mille francs pour vos honoraires.

M. G.... jeta un coup-d'œil rapide sur l'acte d'accusation et lui dit :

— Les charges qui pèsent sur vous sont graves , quelques-unes sont accablantes. Il sera difficile de vous tirer de là complétement.

— Oh ! je ne veux que la vie , interrompit le chauffeur , rien que la vie , monsieur. Quelques années de galères ou de prison ne sauraient m'effrayer.

— Nourririez-vous l'espérance de reprendre votre abominable métier à l'expiration de votre peine? dit l'avocat d'un ton austère.

— A Dieu ne plaise, Monsieur, répondit le voleur ; si j'échappe à *la veuve* (la guillotine) , je prétends redevenir honnête homme. A tout péché miséricorde, comme on dit ; quand j'aurai payé ma dette à la justice , on n'aura plus rien à me reprocher et ma conscience sera plus tranquille.

— Je me charge de votre défense, repartit M. G...., mais je ne vous promets rien.

Il existait autrefois au Palais un adage souvent répété :

« La vertu de l'avocat fait la conviction des juges. »

Ce vieil adage trouva encore son application dans cette circonstance. Sur les dix-sept accusés, neuf furent condamnés à la peine de mort, cinq aux travaux forcés à perpétuité , trois à dix années de réclusion.

Le client de M. G.... était un des trois.

Après le prononcé du jugement, M. G.... descendit dans les cachots de la Conciergerie. L'homme qu'il avait arraché à l'échafaud était fou de joie ; il se précipita aux genoux de son avocat et lui dit en lui présentant les vingt mille francs :

— Ah ! monsieur, pourquoi ne suis-je pas plus riche ; je pourrais vous témoigner d'une manière plus complète ma vive reconnaissance.

M. G.... prit froidement le sac qui contenait les vingt mille francs en or, et dit à son client :

— L'humanité me faisait un devoir de vous défendre, mais l'honneur me prescrit de ne point accepter un argent, fruit de vos rapines et peut-être de vos meurtres. Si vous croyez me devoir quelque gratitude , vous allez sur-le-champ me déclarer les noms des malheureux que vous avez dépouillés ; ces vingt mille francs leur seront distribués en votre nom comme une restitution légitime. Parlez , j'attends.

L'avocat s'était assis sur le banc de pierre du cachot , et se mit en devoir d'écrire sur sa toque qui lui servait de pupître.

Le prisonnier se jeta à ses genoux, non pas cette fois par allégresse et par reconnaissance , mais par admiration.

— Ah! monsieur, monsieur, s'écria-t-il, quel homme vous êtes, et que je serais un grand scélérat si je restais insensible à un tel acte de grandeur ! Tenez , monsieur, poursuivit le prisonnier, voici encore trois mille francs que j'ai mis de côté pour passer mon temps le moins mal possible en prison , prenez-les , et portez le tout ensemble aux victimes que j'ai contribué à ruiner.

Trois jours après le jugement du tribunal criminel , plusieurs pauvres fermiers des environs de Paris recevaient d'une main inconnue une partie des sommes qui leur avaient été extorquées par les chauffeurs.

On aurait toujours ignoré ces détails si le prisonnier lui-même n'eût pris le soin pieux de révéler le secret de l'avocat, qu'il appelait son sauveur et son père.

M. G.... n'était pas riche ; il soutenait une nombreuse famille ; mais la vertu , l'honneur, les talents n'attirent pas la fortune : elle se fourvoie quand elle protège les grands cœurs et les âmes généreuses.

VII.

« Il y a beaucoup à gagner, dit Montesquieu, en fait de mœurs, à garder les coutumes anciennes. »

J'ajouterai qu'il y a de la vertu et de l'utilité à les faire revivre quand elles se sont perdues.

Le 18 brumaire, en donnant à la France un gouvernement sage et conciliateur, réveilla dans toutes les âmes les sentiments généreux. Chacun reprit avec ferveur ses croyances, ses études, ses travaux, et se livra sans réserve et sans crainte à la consolidation du nouvel ordre de choses, qui n'était que le retour à la religion, à la morale, aux bonnes mœurs, l'ancien régime, en un mot, avec la liberté et l'égalité de plus et les abus de moins.

L'Ordre des avocats, au grand étonnement de ceux qui l'avaient cru anéanti par le décret du 11 septembre 1790, se releva tout-à-coup entouré de ses traditions, de ses doctrines conservatrices et de sa gloire de cinq siècles. Le respectable M. Férey, dont j'ai déjà parlé dans ces mémoires, dirigea, du fond de son cabinet, cette restauration qui fut saluée par les applaudissements universels. M. Férey, pendant dix années, avait pu dire avec Sertorius :

Rome n'est plus dans Rome, elle est toute où je suis.

En effet, le Palais n'était plus au Palais, il était dans la maison de cet homme de bien, de ce jurisconsulte éminent, qui s'était, au péril de ses jours et de sa fortune, constitué le centre et le régulateur de tous les membres dispersés du Barreau de Paris. Le cénacle que M. Férey ouvrait à ses jeunes confrères servit merveilleusement à préserver la discipline du Barreau des innovations dangereuses. Il servit davantage encore à conserver cette éloquence judiciaire dont M. Gerbier et quelques autres avaient laissé de si nobles modèles.

Le drapeau était relevé, soldats et capitaines avaient repris leurs rangs de bataille, il ne s'agissait plus que d'arborer cette toge qui rappelait tant et de si glorieux souvenirs. Quelques avocats timorés pensèrent que le moment n'était pas encore venu, qu'il y aurait danger peut-être à remettre sous les yeux du peuple ces robes noires empreintes encore de la poussière du prétoire des anciens Parlements.

— Non, non, répondit l'impétueux Bellart, il ne faut pas hésiter; il ne nous est pas permis de répudier un costume sanctifié en quelque sorte par les lumières, les vertus et le patriotisme de nos devanciers. Les priviléges ont été abolis, et les insignes qu'ils représentaient ont disparu sans retour; mais la profession d'avocat n'est point un privilége, c'est un sacerdoce, et la toge a toujours été le symbole de la démocratie chrétienne.

Ces paroles du jeune avocat fixèrent toutes les irrésolutions, et le triomphe de la robe fut assuré.

Le bâtonnier restait à élire. La reconnaissance du Barreau indiquait assez à chacun de ses membres le choix qu'il devait faire. Le nom de M. Férey était dans toutes les bouches et dans tous les souvenirs. Une députation des plus anciens avocats se transporta chez lui pour pressentir ses dispositions à cet égard. M. de Lacroix-Frainville porta la parole, et, au nom du Barreau de Paris tout entier, lui offrit la candidature.

— Le Barreau, dit M. de Lacroix en terminant son discours, sera très heureux, monsieur, de vous témoigner en cette circonstance solennelle la profonde gratitude qu'il conservera éternellement pour vous. Il doit beaucoup à votre sollicitude courageuse, à vos soins paternels, à vos lumières ; permettez-lui de s'acquitter d'une portion de la dette qu'il a contractée envers vous en acceptant le bâtonnat qu'il vous décerne d'une voix unanime.

M. Férey, vivement ému de cette touchante manifestation, put à peine répondre à M. de Lacroix-Frainville. La sensibilité de l'homme nuisait à la parole de l'avocat ; il parvint enfin à maîtriser son émotion, et après avoir remercié le Barreau de l'honneur qu'il voulait bien lui faire en l'appelant au bâtonnat, il ajouta :

— Je regrette de ne pouvoir point céder à des vœux si honorables, mais l'heure de la retraite a sonné pour moi, et je laisse à de plus jeunes mains, messieurs, le soin de faire refleurir l'antique discipline de l'Ordre. Il sied bien au soldat obscur de déposer ses armes quand la guerre a fait place à la paix. Je vais goûter ce repos, messieurs, et je jouirai, du fond de ma retraite, des succès de ce jeune Barreau dont je suis fier d'avoir conquis les sympathies et les suffrages. Vous me parliez, messieurs, tout à l'heure de reconnaissance, vous ne m'en devez point : la conduite que j'ai tenue dans des temps difficiles m'a été inspirée par les traditions de notre chère et honorable profession. Aux jours les plus désastreux de notre histoire, les avocats se sont constamment dévoués aux intérêts de la patrie et de l'humanité (1). Je n'ai jamais suivi que de fort loin les glorieux exemples que nous ont légués nos illustres de-

(1) Les avocats réunis pendant la Terreur, chez M. Férey, fournirent plus de vingt défenseurs officieux. Presque toujours repoussés par Fouquier-Tinville, ils ne se rebutèrent jamais, et parvinrent, dans quelques rares occasions, à arracher des victimes à l'échafaud.

vanciers. Non, messieurs, point de reconnaissance, mais un souvenir durable pour votre vieux confrère , qui ne cessera de vous aimer et de vous encourager jusqu'au dernier jour de sa vie.

En achevant cette petite allocution , vingt fois interrompue par l'émotion du vieillard , M. Férey embrassa M. de Lacroix-Frainville , qui , à son tour, ne put retenir, ainsi que la majeure partie des auditeurs, des larmes d'attendrissement.

M. Gaspard - Gilbert de Lamalle fut nommé bâtonnier de l'Ordre des avocats (1).

Le Palais reprit aussi son antique phy-

(1) Le premier bâtonnier connu de l'Ordre des avocats est Claude Hureau, sous le règne de Philippe de Valois. Par un étrange rapprochement, M. Claude Hureau fut appelé dans le Conseil privé de ce roi, et le premier bâtonnier de l'Ordre restauré, M. de Lamalle, fut nommé également, par l'empereur Napoléon, conseiller d'Etat.

sionomie. La vaste salle des Pas-Perdus, qui s'était transformée, depuis près de dix ans, en club et en salle d'armes (1), cessa d'être le réceptacle des oisifs, des politiques et des guerriers de la lie du peuple. Les honnêtes plaideurs purent, comme autrefois, s'y promener avec leurs avocats ; ces scribes industrieux, dont l'origine se perd dans la nuit des temps, ne trouvèrent plus d'obstacles à venir chaque matin édifier le trépied de bois noirci sur lequel ils rendent leurs oracles. Les murs furent purgés jusqu'aux voûtes des affiches sanglantes du Tribunal révolutionnaire, qui pendaient çà et

(1) Sous le régime de la Terreur, et pendant le règne du Directoire, la salle des Pas-Perdus était le rendez-vous d'une multitude de femmes, qu'on appelait alors les tricoteuses de Robespierre. Des soldats de la milice bourgeoise y faisaient l'exercice, tandis que de nombreux groupes d'oisifs sans-culottes se livraient à des discussions politiques fort orageuses.

là comme de funèbres trophées de nos jours de discorde ; des robes noires, des barettes, des chausses de docteurs, des rabats, remplacèrent, dans les boutiques enfumées de la galerie du Palais, les bonnets rouges de Brest et les carmagnoles de Toulon. Tout changea de face ; la justice recouvra son domaine et la raison ses droits.

Le Barreau restauré s'ouvrait sous de favorables auspices ; les noms des Fournel, des Lacroix-Frainville, des Lamalle, des Bonnières, des Bonnet, déjà connus dans les luttes judiciaires du Parlement, se trouvaient mêlés à ceux des Billecoq, des Gairal, des Bellart, des Quequet, des Taillandier et des Pigeau, athlètes plus jeunes, qui n'avaient fait qu'entrevoir les pompeuses audiences du Parlement de Paris, mais dont les talents déjà mûrs promettaient une abondante récolte d'éloquence et de lumières. Il ne manquait plus à ces intelligences d'élite , fourbies aux torches de la guerre civile , que des procès capables de faire briller leur puissante dialectique , leur style d'or , de bronze et d'airain, leur ardente et implacable logique : ces procès arriveront , et nous verrons nos avocats à l'œuvre. Ce ne seront pas des assassins vulgaires que le Barreau de Paris aura à disputer à la hache du bourreau , ce seront des artistes, des généraux, des chefs d'armées rebelles, des gentilshommes fanatiques, des grands seigneurs déchus. Il y aura autant d'Hortensius (1) que de Coriolans.

(1) Quintus Hortensius fut après Cicéron le premier orateur de Rome. Il prit à cinquante-neuf ans le parti des armes et devint successivement tribun militaire, préteur et consul. Cicéron , auquel il disputa souvent la palme de l'éloquence, disait qu'Hortensius avait été un excellent orateur, un bon citoyen et un sage sénateur. Hortensius mourut cinquante ans avant Jésus-Christ.

Un des premiers soins du Conseil de l'Ordre fut de rechercher dans son propre sein les victimes des systèmes révolutionnaires. Beaucoup d'avocats avaient péri sur l'échafaud ou dans l'exil, laissant leurs veuves et leurs enfants sans moyens d'existence ; un plus grand nombre encore, privés des ressources que leur offrait jadis une clientèle noble et riche, languissaient dans l'indigence et dans l'obscurité. Les avocats-avocats réclamèrent hautement l'appui des avocats devenus hommes d'État ou hommes politiques, et l'obtinrent. Les veuves eurent des pensions, les orphelins furent placés dans les écoles du gouvernement ; quant aux membres du Barreau dont l'âge n'était point incompatible avec les fonctions publiques, ils furent tous honorablement colloqués dans les tribunaux subalternes ou dans les justices de paix. L'Ordre signala ainsi d'une manière digne de lui l'ère nouvelle qu'il allait parcourir.

Le gouvernement consulaire était établi depuis un an à peine que la découverte d'une vaste conspiration, qui avait pour but, disait-on, l'assassinat du premier Consul et le renversement de la République, vint jeter le trouble et l'effroi au milieu de la nation, qui commençait à oublier les funestes sacrifices au prix desquels elle avait acheté sa liberté.

Un ancien commis du comité de sûreté générale, nommé Demerville, le sculpteur italien Ceracchi, le capitaine Aréna, frère du membre du Conseil des Cinq-Cents, le peintre Topino-Lebrun, ex-élève de David, et deux ou trois autres individus, furent accusés d'être les auteurs et les complices de ce complot.

On les arrêta, on les enferma au Temple, et l'instruction qui se poursuivait

lentement aurait peut-être démontré jusqu'à l'évidence que ces hommes étaient
plus insensés que criminels, lorsque, par
une fatalité malheureuse, l'exécrable attentat de la rue Saint-Nicaise vint enflam-
mer de nouveau l'indignation publique
et raviver la haine que l'on portait aux
démagogues. Entraîné par l'opinion publique, par la voix du peuple, qui n'est
pas toujours la voix de Dieu , le gouvernement donna l'ordre de juger au plus
tôt les prisonniers du Temple , et les débats s'ouvrirent devant le tribunal criminel de la Seine le 17 ventose an VII
(1801).

Je vais citer un paragraphe entier du
réquisitoire de l'accusateur public :

« Demerville confia au citoyen Harel (1) le dessein que l'on avait de poi-

(1) Le citoyen Harel était alors capitaine à la suite
(en disponibilité comme on dirait aujourd'hui) de la

gnarder le premier Consul à l'un des
spectacles de l'Académie des Arts (l'Opéra). Il lui annonça qu'un grand nombre
de personnes prenaient une part active à
ce complot. Effrayé de l'atrocité de ce
projet et des suites qu'il pourrait avoir,
Harel en fit part au citoyen Lefebvre, son
ancien ami, et continua ses visites chez
Demerville. Quelques jours avant le 15
vendémiaire, il s'aperçut que les choses
devenaient plus sérieuses. Il en conféra
avec le citoyen Lefebvre, et ils résolurent
de dévoiler cette trame. »

Et plus loin :

« Le 18 vendémiaire, le citoyen Bertrand Barrère (l'ex-conventionnel) entra
chez Demerville avec lequel il avait des
liaisons depuis longtemps. Demerville
lui parut agité, lui dit qu'il partait pour

45ᵉ demi-brigade. A l'issue du procès, il fut nommé
commandant du fort de Vincennes.

la campagne , et lui conseilla de ne pas aller le soir à l'Opéra , parce qu'il pourrait y avoir du trouble ; que le spectacle pourrait être cerné à cause de la représentation des *Horaces*. Ce conseil et l'état d'agitation de Demerville firent concevoir des inquiétudes au citoyen Barrère , qui crut devoir s'empresser de les communiquer au général Lannes , pour qu'il veillât plus particulièrement à la sûreté du premier Consul. »

Ainsi le malheureux Demerville était placé entre les offres obligeantes et désintéressées du capitaine Harel et l'amitié du législateur Barrère , du législateur Barrère qui avait proclamé sept ans auparavant : *Que l'arbre de la liberté ne pourrait jamais croître s'il n'était arrosé du sang d'un tyran !* Ainsi le prétendu chef de la conspiration contre les jours du premier Consul était dénoncé simultanément à

Fouché par Harel , à Lannes par Barrère!!!

Quand on prend de pareils complices
et de pareils confidents , on n'est point
conspirateur , on est fou , et l'infortuné
Demerville l'était sans aucun doute.

VIII.

Sans l'effroyable attentat de la rue Saint-Nicaise, je crois l'avoir déjà dit, la prétendue conspiration de l'an IX se serait évanouie, devant le jury, et Demerville, Ceracchi, Topino-Lebrun et Aréna, en auraient été quittes pour quelques mois de prison. Mais le pays tout entier rattacha le complot du 18 vendémiaire à l'explosion parricide du 3 nivose, et le gouvernement consulaire, poussé cette fois par l'opinion publique, ne balança plus à livrer aux tribunaux des hommes qui, selon lui, se faisaient un jeu de sacrifier les intérêts de la patrie aux triomphes de leurs utopies révolutionnaires.

La lettre que l'adjudant-général Aréna adressa, dès le 21 vendémiaire, au premier Consul, est la défense la plus complète de cet infortuné. Ecrite sans art et à la hâte, cette lettre, empreinte d'une franchise généreuse, prouva surabondamment l'innocence de son auteur. Je la reproduis textuellement, et telle qu'elle se trouve dans le volumineux dossier de cette malheureuse procédure.

Ce 21 vendémiaire an IX, au dépôt
de la Préfecture de police.

« Citoyen premier Consul,

» Je suis arrêté depuis hier comme
prévenu de conspiration contre le gouvernement.

» Dès la veille, je fus instruit qu'on
devait arrêter beaucoup de monde, notamment Carnot et Souchet, et que probablement je serais du nombre.

» L'assemblage de tant de personnes
qui n'ont pas la même opinion, joint à la
tranquillité qu'inspire l'innocence, m'a
fait prendre le parti d'attendre chez moi
mon arrestation.

» Il y a encore un fait certain, c'est
que lorsque l'inspecteur-général Fusée-
Aublet a sonné chez moi, je l'ai aperçu
par ma fenêtre, et lui ai dit en ouvrant
ma porte :

— Je suis prêt à vous suivre (1).

» Il est cependant constant que mon appartement a une porte de derrière par laquelle j'aurais pu échapper aux poursuites de la police.

» Je conviendrai que j'ai délibéré avant de me rendre.

» Mais pérsuadé de n'avoir rien fait que je ne puisse avouer, sans crainte de ne pas redouter l'abus du pouvoir pendant votre consulat, et surtout que je ne serais pas cause de la perdition de ma fa-

(1) Aréna pèignait devant un chevalet, lorsque M. Aublet, suivi d'un grand nombre d'agents, entra dans son appartement. Voilà comme je conspire, dit Aréna, en montrant à l'inspecteur-général sa toile et ses pinceaux. Fusée-Aublet de qui je tiens ce fait ne se rappelait pas sans attendrissement la noble résignation de l'adjudant-général Aréna. J'aurais donné de bon cœur, ajoutait-il, dix mille francs pour sauver ce brave jeune homme, et n'être point l'instrument de sa perte, mais le devoir doit toujours l'emporter sur les sympathies.

mille , j'ai préféré la privation de ma liberté.

» Des conspirateurs , citoyen Consul ,
s'exposer pour sauver les autres ! Ce calme ne peut se trouver chez des hommes
dont l'imagination a dû sortir de l'état de
nature pour les décider à une entreprise
de cette espèce.

» Je suis arrêté parce que je connais
Ceracchi , et parce qu'il plaît à Demerville de me charger de ce qu'il a fait.

» Je connais depuis trop peu de temps
Ceracchi, pour avoir arrêté quelque chose
avec lui en ce genre.

» Je n'ai fait sa connaissance que d'une
manière accidentelle.

» Quant à la dénonciation de Demerville, il suffit d'y réfléchir pour voir qu'il
a cru sauver sa tête en livrant la mienne.

» Il déclare que lorsque je l'ai vu , il

était assoupi, et qu'il a été obligé de me faire repasser le soir.

» Il ne tombe sous le sens de personne de croire que l'on fait une confidence aussi importante à un homme qui est dans le délire et dont le médecin avait beaucoup d'inquiétude ; car Demerville a été plusieurs jours très mal , et c'était le second jour qu'il était au lit. Il y avait, au reste, des dames et plusieurs citoyens, ainsi que les autres fois que je l'ai vu.

Il ajoute que je lui ai parlé d'une liste d'hommes recommandables par leurs noms, et il n'en cite aucun (1).

» Ceci ressemble à un rêve.

(1) La conduite de Demerville, pendant toute la durée du procès, a été d'une faiblesse extrême. Accusant tour à tour ses prétendus complices et lui-même, il alla jusqu'à jeter des soupçons sur des personnes parfaitement étrangères aux projets qu'il méditait et aux conciliabules qu'il tenait. L'ex-conventionnel Bertrand Barrère, qui l'avait dénoncé au général Lannes, fut un instant compromis par ses aveux.

» Il dit que je l'ai prévenu que les militaires étaient prêts, mais que je n'en ai
nommé aucun.

» Est-il possible de faire partie d'une
conspiration, et de n'être pas assez curieux, ou pour mieux dire prudent, pour
vouloir au moins savoir qui la secondera
puissamment?

» Il conclut que Ceracchi étant pauvre,
je lui fournissais de l'argent.

» Il couronne enfin son imputation en
me nommant chef de la conspiration.

» Je défie, parmi tous les militaires de
France, réformés ou non, qu'il y en ait
un seul qui puisse dire que je lui ai parlé
de ce projet, soit pour en commencer
l'exécution, soit enfin pour l'achever.

» J'ai conspiré en chef, sans connaître
les auteurs principaux, ni même ceux qui
se seraient emparés de la journée! c'est
le comble de l'extravagance.

» Vous me connaissez, citoyen Consul, et pouvez juger mieux que qui que ce soit, si je suis fait pour diriger une conspiration qui devait changer le gouvernement de la République française.

» Vous pouvez aussi discerner si Demerville, dans le cas où j'eusse pris part à ses travaux, se serait contenté d'une parole vague sur les militaires et n'aurait pas surtout voulu discuter la nomination des membres du nouveau gouvernement.

» Je suis de votre pays, et quelque crime que j'eusse commis envers vous, j'espérerais encore votre indulgence. Je vous le dirais donc avec franchise si j'étais coupable.

» Je n'ai rien convenu, rien arrêté. Je ne savais rien sur la conspiration de Demerville, et, si j'en eusse été membre, votre parent Ornano m'en aurait dégagé sans s'en douter, en me disant, il y a quinze jours, que la police savait tout et qu'on aurait fini par faire périr quelques misérables.

» Je ne le cite que parce que j'en ai besoin, et que je ne le crois pas capable de me contredire.

» Car vous conviendrez que si, après cela, j'eusse encore continué, j'aurais été digne d'aller aux Petites-Maisons.

» Je ne demande d'autre juge que vous : permettez que je vous voie, vous prononcerez si je suis un conjuré.

» L'on conspire depuis un an ; tous les partis s'en mêlent ; tout le monde le dit dans les rues et dans les salons ; et vous seul, ou vous l'ignoriez, ou vous avez mé-prisé les avis qu'on a donnés.

» C'est au point qu'aucun homme de bon sens ne croyait plus à ces bavar-dages.

» Bien des gens se tenaient prêts pour profiter d'un mouvement sans savoir qui le ferait. Je vous avoue que je n'y ai jamais cru.

» Je pourrais vous dire sur cela beaucoup de choses en général ; mais pour que j'aie pris part à aucun plan, je vous promets que cela n'est pas.

» L'affaire de Saint-Cloud me suffisait, et mon logement en face de celui d'Ornano étaient des raisons de plus à ajouter à l'intention où j'étais de vivre tranquillement.

» Je suis avec respect et considération,

» Signé ARÉNA jeune. »

Le premier Consul lut cette lettre en conseil avec attention, et la donnant au second Consul :

— Tenez, Cambacérès, lui dit-il, gardez cela. Il y a du bon dans cette lettre ; mais le dernier paragraphe la gâte.

Et Bonaparte avait raison.

— Fouché enverra tous ces gens-là au Temple, qu'ils y restent jusqu'à ce que l'échiquier soit éclairci.

Le 3 nivose survint, les conspirateurs de l'Opéra furent amenés après les délais nécessaires pour l'instruction, à la Conciergerie, et les débats commencèrent.

Les accusés, au nombre de huit, à savoir Dominique Demerville, Joseph Céracchi, Joseph Aréna, Joseph Diana, François-Jean-Baptiste Topino-Lebrun, Madeleine Fumey, Arnaud Daiteg et Denis Lavigne, comparurent devant la Cour de justice criminelle de Paris, le 17 ventose.

Après le réquisitoire du commissaire du gouvernement, les témoins entendus et les charges produites , les défenseurs des prévenus prirent la parole.

Ces défenseurs étaient M⁰ Guichard , pour l'adjudant-général Aréna ; M⁰ Domanget, pour Demerville, Topino-Lebrun et Céracchi.

La plaidoirie de M⁰ Guichard obtint un grand succès. L'avocat combattit pied à pied les charges accumulées contre son client , par le commissaire du gouvernement, et traça rapidement l'historique de cette prétendue conspiration :

« Un homme désœuvré, sans état, sans emploi, dit-il, et sans moyen de s'en procurer un par des voies honnêtes . Harel, capitaine à la suite du 45⁰ régiment, disposé par conséquent à faire ressource de tout ce qui se présentera , entend dans une société des personnes se plaindre du gouvernement , gémir de ce qu'elles sont délaissées, alors qu'elles prétendent avoir

les plus justes titres à sa reconnaissance.

»L'observateur astucieux profite de cette
disposition de leur esprit. Il s'efforce, par
ses discours, de les aigrir davantage. Il
enchérit encore sur leurs plaintes ; il
exaspère leurs ressentiments ; puis il s'en
va dénoncer à la police les discours qu'il
a entendus et qu'il ne manque pas d'ag-
graver encore comme décélant des intentions criminelles. On le félicite, on loue
son zèle ; on l'engage à suivre de près ces
personnes suspectes, et on lui promet
une récompense importante dans le cas
où il viendrait à découvrir quelque complot de leur part.

» Le désir de découvrir un complot lui
en fait imaginer un. Il apprend que ces
personnes se proposent d'aller à la représentation d'une pièce nouvelle ; il prévoit
qu'il y aura foule à cette première repré-

sentation. Il est informé que le premier Consul doit y assister, et chacun sait que c'est le seul délassement qu'il se permette au milieu des grands travaux dont il est sans cesse occupé.

» Aussitôt, voilà le complot trouvé.

« J'irai à la police, se dit-il, je dirai qu'on a formé le projet d'assassiner le premier Consul; je dirai que les conjurés m'ont demandé des hommes pour les seconder. On me les fournira; je les armerai de poignards et de pistolets, que je dirai m'avoir été fournis par les conspirateurs; en même temps, je donnerai rendez-vous aux personnes que je veux faire tomber dans le piége; je leur dirai de se rendre au foyer : là, je me promènerai avec elles; j'affecterai de me promener du côté de la loge du premier Consul. D'avance, j'aurai prévenu que les personnes avec lesquelles on me verra promener, sont des malintentionnés qui en veulent à la vie du Consul. On nous arrêtera tous ensemble ; et le consul et le public, entendant dire qu'on a arrêté plusieurs individus armés de poignards et de pistolets dans le voisinage de sa loge, ne douteront pas un instant qu'il y avait un projet d'attenter à ses jours. Et voilà ma fortune faite ! »

Passant ensuite à l'apologie de l'existence utile et modeste de l'accusé, M° Guichard s'exprime ainsi :

« Il est peut-être à propos, citoyens jurés, de vous avertir d'abord que Joseph Aréna, ici présent, n'est nullement celui dont il fut question à la journée de Saint-Cloud ; qu'il est bien son frère, mais qu'il y a entre eux une trop grande différence sous plusieurs rapports. L'Aréna de Saint-Cloud avait été de la Convention ; à cette époque, Joseph Aréna, ici présent, servait dans la même armée que Buonaparte, en qualité de chef de bataillon. Les papiers publics de ce temps le nommèrent quelquefois comme s'étant signalé dans plusieurs actions d'éclat. Après le siége de Toulon, il fut du nombre des officiers qui obtinrent de l'avancement , et il fut nommé adjudant-général , chef de brigade.

» En l'an V seulement, il fut nommé par son département au Conseil des Cinq-Cents. Il en sortit au renouvellement de l'an VI, et retourna à ses anciennes fonctions en qualité d'adjudant-général. A toutes les époques de la révolution , étranger à tous les partis , il a toujours montré le même caractère, celui d'homme honnête, doux, affable, obligeant, ne persécutant personne pour ses opinions, blâmant tous les extrêmes , conseillant partout la modération , secourable aux indigents; affectionné surtout à ses compatriotes, et leur rendant tous les services qui pouvaient dépendre de lui (1). »

L'éloquent Dommanget, dans sa plaidoirie pour les accusés Demerville, Céracchi et Topino-Lebrun, combattit les charges qui pesaient sur ses clients. Depuis longtemps, les voûtes du prétoire n'avaient retenti de si vives, de si chaudes paroles. Efforts superflus, soins inutiles ! L'explosion impie de la rue Saint-Nicaise agitait encore les siéges des magistrats et des jurés. Dominique Demerville, Joseph Céracchi, Joseph Aréna et Jean-Baptiste Topino-Lebrun, furent condamnés à la peine de mort ; les quatre autres accusés acquittés ou condamnés à des peines légères.

(1) Lorsque Buonaparte encourut à Nice la disgrâce des représentants du peuple, Joseph Aréna se constitua le défenseur de son compatriote, lui ouvrit sa bourse et intéressa vivement à sa cause, Salicetti.

Les condamnés formèrent aussitôt leur recours en cassation ; mais leurs moyens, présentés avec autant de zèle que de dévouement par M⁰ Guichard , ne furent point admis, et le pourvoi fut rejeté après une double procédure que rendit nécessaire un partage d'opinions.

Demerville , Céracchi , Topino-Lebrun et Aréna marchèrent à la mort avec courage. Le matin même de cette terrible journée , Topino-Lebrun avait esquissé les portraits de ses trois compagnons , et les avait envoyés à son maître David, avec ces mots touchants empruntés au centurion romain :

« *David, te morituri salutant.* »

Avant de monter sur l'échafaud , les quatre infortunés s'embrassèrent une dernière fois , et Aréna prononça d'une voix ferme ces paroles que les journaux du temps se sont bien gardés d'enregistrer :

« Nous mourons innocents ; Dieu qui va nous juger, manifestera un jour l'iniquité de nos accusateurs et gardera notre mémoire. Adieu, peuple français, notre dernier soupir est encore pour la patrie et pour la liberté. Vive la République ! »

La hache de la loi fit tomber ainsi à la même heure la tête d'un fanatique imbécile (Demerville), la tête d'un grand peintre (Topino-Lebrun), la tête d'un statuaire illustre (Céracchi) et la tête d'un soldat.

La renaissance inespérée du Barreau avait comblé de joie tous les anciens avocats du Parlement. Un jour, je vis entrer dans mon cabinet M. Viaud de Bel-Air, mon confrère et mon ami, que j'avais perdu de vue depuis les dernières années de la révolution.

M. Viaud de Bel-Air, dont j'ai déjà eu occasion de parler dans ces souvenirs,

était un légiste instruit , un savant aimable ; un antiquaire profond. Riche, il
plaidait peu ; mais il s'était fait l'avocat
des pauvres , et sa nombreuse clientèle
absorbait le tiers d'une belle fortune dont
il consacrait un autre tiers à l'achat d'objets d'art et de curiosité. Son vaste appartement était un musée, qui présentait à
l'œil étonné du visiteur des armes , des
meubles , des porcelaines , des figures ,
des ustensiles de tous les pays et de toutes
les époques : le moyen-âge et l'antiquité ;
la Chine et l'Angleterre, se trouvaient là,
pêle-mêle et confondues.

Ici un bouclier romain, là une framée
gauloise ; ici une couronne de Cacique,
là un trépied de Cumes.

Des ibis et des momies sur des bahuts
du temps de Philippe-Auguste ; des car-
quois de guerriers canadiens , des éven-
tails de plumes du Japon et du Mexique

sur des dressoirs et des buffets de cèdre sculptés ; des cuirasses de chevaliers du Temple, des mortiers de président, des espingoles, des lances et des dagues, et puis force livres rares et curieux, force vaisselle gothique ; des ouvrages de Bernard de Palissy, de Benvenuto ; des gravures de 1300 ; des tableaux sur bois, sur émail ; des orgues, des trompes et des tambours ; c'était le chaos, c'était le musée de mon bon et respectable confrère en 1792, que devait-ce être en 1801 !

— Mon cher confrère, me dit-il, après avoir épuisé l'un et l'autre, toutes les questions que notre longue séparation devait faire naître, — après tant de cruautés et d'agitation, on a besoin de se retremper l'âme, de se relier en quelque sorte au faisceau dont on a été violemment détaché. J'ai imaginé pour demain une petite réunion chez moi ; je suis venu vous y convier. Je ne dirai pas comme Voltaire à Postdam : Nous serons là tous princes ou poètes. Mais je dirai : Nous serons là tous avocats ou antiquaires. Nous parlerons peu du présent et beaucoup du passé ; à notre âge, l'œil se reporte avec plus de complaisance sur la carrière parcourue que sur celle à parcourir encore. Venez donc, je vous attends.

Je me gardai bien de manquer à l'invitation de mon honorable confrère, et le lendemain, dès trois heures, je heurtais à la porte de son logis. Je trouvai dans le salon de M. Viaud de Bel-Air, plusieurs de nos anciens confrères du Parlement, et au nombre des bibliographes et des antiquaires, M. Boulard, alors notaire à Paris, et M. Mionnet dont les travaux sur la numismatique et l'archéologie ont rendu le nom européen.

Bernardin de Saint Pierre était aussi au nombre des convives.

Rien n'était plus singulier peut-être que l'aspect de cette table somptueusement servie, mais qui reflétait en quelque sorte les goûts archéologiques de l'amphytrion. Les verres étaient remplacés par des gobelets, des hanaps ou des coupes d'un travail exquis ; Bernardin de Saint-Pierre buvait dans une moitié de coco ciselé et brodé magnifiquement par une main madécasse ; c'était une galanterie d'antiquaire. Le linge de table, qui datait probablement du règne de Louis XII ou de François Ier, représentait des sujets tirés de l'Ancien et du Nouveau Testament ; les couteaux d'ivoire sculpté, portaient l'effigie des rois de France, depuis Charlemagne jusqu'à Henri II. Les bouteilles étaient des amphores, les flambeaux de véritables chandeliers où le génie capricieux et poétique des orfèvres du XVI° siècle s'était appliqué à créer mille figures merveilleuses. Enfin, pour compléter la bizarrerie du festin, les convives étaient assis sur des fauteuils de toutes les époques, et aux murailles de la salle étaient appendus, sur une vieille tapisserie de Hainault, les plus riants tableaux de l'école flamande.

Le repas fut long et gai. Les souvenirs étaient intarissables, et chacun de nous aimait à rappeler quelques-unes de ces aventures de Palais, si chères à la mémoire et au cœur de l'avocat devenu vieux.

Nous parlâmes de l'austérité de nos anciens et purs parlementaires ; de la morgue des gens du roi ; des leçons que ces derniers s'attirèrent quelquefois de la part des avocats. Des exemples de cette bonne et juste critique ne manquèrent

pas à l'entretien , et M. Viaud de Bel-
Air nous cita à cette occasion une répar-
tie fort piquante d'un avocat à un avocat-
général (1).

— Tout en louant le passé, Messieurs,
dit alors M. Boulard, ne dénigrons pas le
présent. Les bonnes traditions reviennent
à grands pas, et pour vous en convaincre,
je vais vous citer un fait dont hier soir
j'ai été le témoin :

Mlle Contat , du théâtre de la Répu-

(1) M. B.... possédait une petite terre voisine d'un
château qui appartenait à un avocat-général. Pendant
le cours d'une vacance, l'avocat, profitant des droits du
voisinage , alla rendre une visite au magistrat, qu'il
trouva dans son cabinet. Au bout de quelque temps, il
mit son chapeau sur sa tête, et se permit d'user de la
liberté de la campagne. Mais M. le procureur-général
crut que c'était une licence, et voulant la lui faire sen-
tir : Les temps sont bien changés, lui dit-il doctorale-
ment. Les avocats autrefois ne s'asseyaient ni ne se couvraient en présence d'un avocat-général. — Vous m'é-
tonnez beaucoup , monsieur, interrompit M. B... Vous
parlez sans doute d'un temps où les avocats n'avaient
ni c.. ni tête.

blique, que vous connaissez tous, prenait des glaces dans un des petits salons de Frascati, en compagnie de Chénier et de M. de L..., votre confrère. Tout à coup, l'actrice poussa un cri d'effroi.

— Qu'avez-vous ? Mademoiselle, lui demande Chénier.

— On vient de me voler à l'instant mon bracelet, répond Mlle Contat. Je suis au désespoir.

— Etes-vous bien sûre que vous le possédiez encore en entrant dans cette salle ? Mademoiselle, dit l'avocat.

— Parfaitement sûre.

— En ce cas, ne vous désolez pas, votre bracelet vous sera rendu.

Aussitôt M. L... se place au milieu du salon, et s'exprima en ces termes :

— Citoyens, la perle du théâtre de la République, Mlle Contat, puisqu'il faut l'appeler par son nom, vient d'être *privée* d'un bracelet auquel elle attache un grand prix. Moi, L..., avocat, engage vivement le citoyen qui en est maintenant *dépositaire,* à le remettre dès ce soir, chez le concierge de notre aimable comédienne. Citoyens, j'y compte.

La harangue de l'avocat ne fut pas perdue. Le soir même, en rentrant dans son hôtel, on remettait à Mlle Contat une petite cassette sur laquelle ces mots étaient tracés :

Mercure (dieu des larrons) *à Thalie.*

Nos voleurs sont aussi spirituels, aussi polis, aussi reconnaissants qu'autrefois, poursuivit M. Boulard ; encore une fois, ne désespérons donc pas de l'avenir.

IX.

Le Barreau de Paris sous le consulat. — Affaire de la machine infernale. — Mademoiselle de Cicé. — M. Bellart. — Le crucifix de M. Camus. — Visite au général Moreau.

Au ressort qu'imprimait à l'âme d'un orateur romain l'amour de la patrie, dit Cérutti, se joignait encore celui que communique l'amour de la gloire. Tout ce qui peut flatter l'ambition la plus démesurée, Rome l'offrait à ses orateurs. L'admiration, l'amour et la reconnaissance d'un peuple souverain, indépendant, éclairé, le despotisme exercé au sein d'une ville libre, les dignités les plus sublimes, les monuments les plus augustes, les rênes mêmes du gouvernement, confiées aux mains de l'orateur, voilà quel fut presque toujours le prix de l'éloquence.

Le Barreau français, à l'ouverture du XIXe siècle, préluda par les grands procès politiques au rôle brillant qu'il devait jouer quinze ans plus tard dans les affaires de l'état. Les conspirations de l'an V et de l'an IX, celles de la machine infernale et de Georges, familiarisèrent les avocats avec les hautes questions politiques que plusieurs d'entr'eux devaient développer à la tribune législative.

Les avocats français ne voyaient pas comme ceux de Rome les faisceaux consulaires se dresser devant eux dans un avenir plus ou moins éloigné, mais ils pressentaient que, de toutes les formes gouvernementales, essayées en France depuis le 10 août 1792, il surgirait un ordre de choses favorable à la liberté. La monarchie avait disparu devant l'anarchie, l'anarchie devant l'oligarchie, l'oligarchie devant le gouvernement militaire ou le despotisme ; l'ère d'une sage liberté, d'une juste pondération de pouvoirs, devait immanquablement s'ouvrir, et le barreau devenait dès-lors le berceau de l'éloquence parlementaire.

Aussi, voyez avec quelle énergie studieuse les jeunes avocats de cette époque, les Deserres, les Bellart, les Bonnet, et, quelques années plus tard, les Dupin, les Berryer et les Hennequin, se livrèrent sans relâche aux grandes explorations judiciaires. L'interprétation des lois désormais classées d'une manière aussi lucide que rationnelle dans notre Code civil, ne suffisait point à leurs ardentes études. Ces généreux champions d'une liberté légale qui n'était pas encore née, remontaient l'Océan des âges. Feuilletant avec une patience de bénédictin les riches annales de nos vieilles coutumes françaises, ils éclaircissaient le texte de nos lois écrites, et agrandissant le cercle où l'avocat s'était renfermé pendant huit siècles, ajoutaient aux savantes théories de Puffendorf et de Grotius sur le droit des gens, les sérieuses considérations empruntées aux travaux des Mably, des Beccaria et des Berthaut.

L'effroyable explosion de la rue Saint-Nicaise fit jeter à la France un cri d'indignation et de vengeance. Nulle sympathie n'entoura les accusés qui, au nombre de dix-sept, vinrent sur le banc de la justice criminelle. La tâche était rude pour les avocats, et tous cependant s'acquittèrent avec une merveilleuse adresse de la mission qui leur avait été confiée. M⁰ Roussiole, défenseur de Carbon , et M⁰ Dommanget , défenseur de Saint-Réjant , déployèrent un dévouement et un zèle d'autant plus remarquables , qu'opposés par la modération de leurs caractères à toutes les tentatives de désordre et à toutes les haines de partis , ils combattaient dans le prétoire, privés de ces sympathies populaires qui manquent rarement aux criminels du plus bas étage , et qui s'attachent toujours avec plus ou moins de force aux hommes dont une grande pensée politique a ennobli le poignard.

Au nombre des accusés se trouvait une vieille-fille, Mlle Adélaïde-Marie Champion de Cicé , sœur de l'ancien évêque d'Au-

xerre. Cette demoiselle qui avait passé
quarante années de sa vie dans la pratique des vertus les plus nobles et des principes religieux les plus austères, apparut
dans l'acte d'accusation , non-seulement
comme complice de Limoëlan de Saint-
Rejant et de Carbon, mais encore comme
la tutrice permanente et la mère de tous
les meurtriers politiques que l'Angleterre
vomissait sur nos côtes. La maison dè
Mlle de Cicé était ouverte constamment à
ces Français impies que le glaive de la
Convention avait jusque-là tenus éloignés
de la patrie , et qui y revenaient avec la
torche de l'incendiaire pour troubler le
repos dont elle commençait à jouir après
dix années de sanglantes épreuves. Les
conspirateurs d'Outre-Mer, de la Vendée
et du Morbihan étaient accueillis chez
Mlle de Cicé avec de grands témoignages
d'intérêt et de bienveillance. Elle tenait à

leur disposition de l'argent et des secours
de toutes sortes ; elle leur procurait des
asiles sûrs et impénétrables, et veillait sur
leurs personnes avec une pieuse sollicitude. Grâce à elle, Carbon, celui-là même
qui, avec Saint-Rejant, avait mis le feu
à la machine infernale, échappa pendant
vingt-cinq jours à toutes les recherches
de la police. Mlle de Cicé le logea d'abord
chez Mme Gouyon de Beaufort et ensuite
au couvent des Dames-Saint-Michel,
dont Mme Marie-Anne Duquesne était supérieure.

Les lettres saisies chez Mlle de Cicé annonçaient des relations mystérieuses. Les
noms de ceux dont on parlait n'y étaient
indiqués que par des initiales; les termes
étaient de convention particulière ; on y
voyait de nombreuses réticences expri-
mées par des points ; on empruntait le
langage commercial pour s'entretenir de

tout autre objet : le sens en était équivoque et énigmatique. C'est ainsi que dans une lettre sans signature, datée du 20 octobre 1800, on annonçait l'espoir de voir rentrer et rétablir prochainement en France les supérieurs d'une ancienne congrégation. Une autre lettre d'un de ses frères émigrés est plus explicite : il énumère les moyens qu'il va employer pour tirer de l'argent de ceux qui ont acheté ses biens en France comme biens nationaux.

« J'annonce, dit-il d'un ton assez positif, l'espoir prochain de rentrer dans mes propriétés. »

Parmi l'argent saisi chez elle, on trouva un sac étiqueté : *Bourse de ces Messieurs.*

Ces charges accablantes, groupées avec art par le commissaire du gouvernement (accusateur public) rendirent la défense bien difficile. Mais un avocat d'une grande puissance de parole, M. Bellart, avait été choisi par Mlle de Cicé , et les nombreux amis de cette demoiselle conservaient quelque espoir de la soustraire aux peines flétrissantes d'une sentence criminelle. Le bruit courut même au Palais à cette époque que M. Portalis était allé aux Tuileries pour pressentir la clémence du premier Consul.

— Citoyen premier Consul, avait-il dit, vous n'ignorez pas qu'au nombre des personnes impliquées dans la conspiration du 3 nivose, il se trouve une femme aussi illustre par sa naissance que par sa charité.

— Mademoiselle de Cicé, n'est-ce pas ? interrompit brusquement Bonaparte.

— Oui, citoyen consul.

— La pensez-vous coupable ? croyez-vous que le jury la condamnera ?

— Il ne m'appartient pas, citoyen premier consul, de formuler une opinion sur le plus ou le moins de culpabilité de cette dame ; je ne préjugerai pas non plus la décision du jury ; mais je ne puis m'empêcher de déplorer le triste sort d'une femme que ses vertus, que sa charité inépuisable envers les malheureux , avaient fait surnommer la sainte et la mère des pauvres.

— Tout cela est très beau , Monsieur ; mais cette sainte, cette mère des pauvres, loge et nourrit chez elle les hommes qu'on envoie à Paris pour m'assassiner.

— Citoyen consul , l'apôtre a dit : « *Beati pauperes spiritu, habebunt regnum Cœlorum.* » Bienheureux les pauvres d'esprit , ils posséderont le royaume des Cieux.

— Je vous entends, monsieur Portalis ; vous voulez mettre Mlle de Cicé sous l'égide de l'imbécilité ; soit ; je ne fais point la guerre aux vieilles femmes ; si elle est condamnée, je mitigerai la peine... C'est un moyen de me bien mettre dans les papiers du faubourg Saint-Germain et dans les vôtres, ajouta le consul en souriant.

Mlle de Cicé n'eut pas besoin d'avoir recours à la clémence du premier consul ; elle fut acquittée à la majorité des voix, grâce à l'habileté de son défenseur.

Le plaidoyer de M. Bellart fut regardé avec raison comme un morceau de haute et vigoureuse éloquence, et ceux qui ont assisté aux débats de ce procès célèbre, se rappelleront toujours la magnifique péroraison de ce discours dont je ne puis me défendre de citer la fin :

« Ah ! sans doute, s'écrie l'avocat, qu'elles soient vengées ! (Les victimes de la machine infernale.) Quel est l'homme sans entrailles, qui, en les voyant, pourrait ne pas exprimer ce vœu !

» Mais c'est au nom de ces déplorables victimes mêmes, dont aucune, je les en atteste toutes, n'élèvera la voix pour me démentir, que je vous dirai : « Vengez-les avec le sang des coupables ! » Mais ce ne serait pas pour elles une vengeance, hélas! ce serait, au contraire, un nouveau malheur, un sujet de deuil de plus, si, à leur occasion, dans le sang des coupables, se confondait le sang des innocents.

» Le crime du 3 nivose a fait des orphelins ; rendez à la société celle qui, pendant trente années entières, fut la mère de tous les orphelins.

» Ce crime a fait des veuves ; rendez à la société celle par qui les veuves furent secourues et consolées.

» Ce crime a fait des pauvres ; rendez à la société celle par qui il n'y aurait plus un seul pauvre, si cela eût été en sa puissance.

» Ce crime a fait des blessés ; rendez à la société celle à qui tant d'infirmes et de blessés ont dû leur soulagement.

» Ce crime enfin a frappé même un de nos frères d'armes ; rendez à la société celle qui, dans son universelle charité, sut quelquefois faire arriver d'utiles secours jusqu'à nos défenseurs.

» J'ai fait serment, jurés, de défendre Adélaïde de Cicé en respectant la vérité ; je le jure de nouveau, j'ai rempli mon devoir.

» Vous avez fait serment de n'écouter aucune prévention et d'absoudre l'innocence ; vous remplirez le vôtre. »

Ces mâles et énergiques accents rappelaient l'éloquence du Forum, et produisirent sur l'âme des jurés, des juges et de l'auditoire une profonde impression. Jamais plus beau triomphe n'avait couronné l'éloquence d'un avocat, car l'acquittement de Mlle de Cicé entraînait nécessairement celui de quatorze de ses co-accusés. Les têtes de Carbon et de Saint-Rejant furent seules dévolues au bourreau, et roulèrent, peu de jours après, sur les pavés de la Grève.

Mon fils aîné venait d'atteindre sa vingtième année, et je me flattais de l'espérance de le voir bientôt avocat, lorsqu'il m'annonça que sa vocation ne le poussait pas vers le barreau.

— Mon père, me dit-il, je suis un enfant de la révolution ; mes oreilles depuis quinze ans se sont accoutumées aux alarmes, aux cris de victoire, aux cliquetis des épées, je dois être et je veux être soldat. D'ailleurs, ajouta-t-il avec une supériorité de raison que j'étais loin d'attendre de son âge, nous allons désormais vivre sous un gouvernement militaire , et les luttes de la parole seront éclipsées pour longtemps peut-être par des luttes bien autrement importantes. Laissez-moi vivre de la vie de l'époque , et ne vous opposez point à une ambition légitime. Si le titre d'avocat est beau, celui de soldat ne l'est pas moins , et dans l'une et l'autre carrière, on peut se concilier l'amour et l'admiration de ses concitoyens.

M. Camus , mon ancien confrère du Barreau, et conservateur des archives nationales , avait fait partie de toutes les législatures , et n'avait point cessé d'entretenir des relations amicales avec les généraux dont il avait surveillé les opérations dans les fréquentes tournées qu'il avait faites aux armées en qualité de commissaire de la Convention. Je résolus d'aller le trouver et de réclamer pour mon fils une petite part du crédit dont il pouvait disposer. M. Camus me reçut fort bien.

— Votre fils a grand'raison, me dit-il, de prendre le parti des armes : il est trop jeune pour défendre la liberté de la patrie à la tribune, il faut qu'il la défende sur le champ de bataille. Mais là, comme ici, il faut du cœur, et je pense qu'il n'en manquera pas. Vous me demandez pour lui un guide, un protecteur, un appui ; je ne sais, en vérité, à qui je puis vous adresser ; mes généraux républicains commencent à n'être plus en odeur de sainteté. N'importe, je dîne, aujourd'hui même, avec Moreau chez le second consul Cambacérès ; je lui parlerai de votre fils. Présentez-vous demain chez le général, vous saurez à quoi vous en tenir.

Camus, qui avait alors soixante ans, mais qui était toujours impétueux et bouillant, m'avait débité ces quelques mots avec une étonnante vivacité. Nous traversions son cabinet ; tout à coup , il s'arrête devant un grand crucifix qui ornait le fond de cette pièce :

— Vous m'avait fait plaisir de me venir consulter, dit-il ; mais voilà , ajouta-t-il en montrant son crucifix , voilà le conseiller par excellence ; c'est au pied de cette image de notre divin Sauveur qu'on recueille les grandes pensées et les grandes résolutions.

Et Camus ne faisait qu'exprimer le sentiment de piété dont il était profondément pénétré.

Le lendemain matin , j'étais chez le général Moreau.

Le général était de retour depuis quinze jours à peine de la campagne qu'il avait si glorieusement terminée par la bataille d'Hohenlinden. Les fatigues de la guerre avaient légèrement altéré ses traits , mais un observateur attentif aurait pu assigner une autre cause à la tristesse répandue sur toute sa personne. M. Camus lui avait parlé de moi , et le général connaissait déjà l'objet de ma visite matinale.

— Monsieur Camus, me dit-il, m'a fait le plus grand éloge de monsieur votre fils. Mais la paix est sur le point d'être signée, on n'a plus besoin de généraux et les généraux n'ont plus besoin d'aides-de-camp. A vrai dire, reprit le général après quelques moments de silence , je crois que cette paix ne sera pas de longue durée ; mais le commandement des armées passera en d'autres mains.

Un sourire amer glissa alors sur les lèvres de Moreau.

— Et quelles mains seraient plus dignes de porter le drapeau de la France que celles du vainqueur de Marengo ou d'Hohenlinden, répartis-je aussitôt.

Le général s'inclina froidement au fade éloge que je lui adressais , et reprit avec un enjouement simulé :

— Les Romains avaient consacré un temple à la fortune des femmes ; chez nous, il n'en existe même pas de consacrés à la fortune militaire.

Puis arrêtant tout-à-coup l'élan de sa pensée , qui débordait malgré lui de son âme vivement froissée :

— Quoi, Monsieur, continua-t-il, votre fils veut absolument abandonner les paisibles labeurs du Barreau pour les rudes travaux de la guerre. Jeune homme qu'il est ! il rêve peut-être déjà aux victoires qu'il remportera , aux conquêtes qu'il fera , et dans ces belles spéculations , il oublie les mécomptes , les rivalités , les haines, les injustices, et ce qui est pis que tout cela , l'ingratitude du pays que l'on sert de toute la force de son âme et de son corps. Ah ! Monsieur, j'ai commandé en chef ; je n'ai pas toujours été battu.... Eh bien ! croyez-moi, j'ai regretté souvent, au milieu de ces tourbillons de gloire, de sang et de fumée qui me suffoquaient sur les champs de bataille de l'Italie et de l'Allemagne, ce temps, ce temps heureux où, prévôt de l'Ecole de droit de ma ville natale (1), je recevais de mes camarades le titre de général, et où les efforts de ma stratégie se bornaient à défendre une classe de l'école ou l'angle d'une taverne contre une compagnie de maréchaussée.

Le général semblait se complaire à ces souvenirs de sa jeunesse, et son front

(3) En 1787 l'archevêque de Sens tenta une révolution dans la Magistrature. Moreau, nommé au commandement supérieur par ses camarades de l'Ecole de droit, montra pendant cinq mois que dura cette petite guerre, tant d'audace, de sang-froid et d'humanité que les échevins de la ville lui votèrent des remercîments, et que le peuple s'obstina à l'appeler le général du Parlement.

rayonnait d'une joie douce et pure. Je l'écoutais moi-même avec un intérêt toujours croissant.

— Si pourtant, ajouta-t-il, la vocation de votre fils est bien sincère, gardez-vous, Monsieur, de la combattre ; aidez-le au contraire ; on ne gagne rien à se revolter contre une idée fixe. Moi qui vous parle, je me suis engagé soldat à dix-huit ans, mon père a fait casser mon engagement ; je me suis mis alors à étudier, j'ai été reçu avocat. Je suis redevenu soldat, et soldat je mourrai. Je vous le répète, monsieur, je me serais trouvé heureux de prendre auprès de moi votre fils ; mais mon épée est rentrée dans le fourreau, et elle n'en sortira pas de longtemps. Quoi qu'il en soit, je parlerai à Lecourbe, à Beurnonville, à quelques autres encore de ce jeune homme. Je leur dirai l'intérêt qu'il m'inspire, il arrivera au but.

A ces derniers mots du général : « mon épée est rentrée dans le fourreau et elle n'en sortira pas de longtemps, » je crus remarquer dans sa physionomie un frémissement soudain. Ce frémissement me fit mal ; je remerciai le général et je me retirai.

J'avais cru prendre congé de Cincinnatus, c'était Coriolan que je venais de quitter.

X.

J'instruisis M. Bernardin de Saint-
Pierre du résultat de ma démarche auprès du général Moreau.

— Réjouissez-vous, me dit-il avec cette

fine bonhomie qui le caractérisait , de n'avoir point réussi ; votre fils aurait fini par être enveloppé dans la disgrâce qui menace le général , et son état eût été perdu sans retour. Je sais mieux qu'un autre combien il est important de commencer une carrière sous de favorables auspices. Ecoutez, mon ami, le chevalier de Boufflers , mon collègue à l'Institut , est très bien avec la famille Bonaparte. Il va très fréquemment chez le général Murat , dans le salon duquel il s'évertue à rappeler les belles manières et l'esprit chevaleresque de l'ancienne société française. Je lui parlerai de votre fils , et je ne doute pas , obligeant comme il l'est , qu'il ne s'emploie utilement à cette affaire.

Le chevalier de Boufflers était rentré en France depuis 1800. Son séjour forcé chez l'étranger avait peut-être diminué

son talent poétique (1) ; mais n'avait rien
changé à l'excellence de son cœur, à la

(1) M. de Boufflers était le chef, avant 1789, de cette
littérature qu'on appellait alors *Littérature de Bou-
doir*. Emule de Parny, de Gentil-Bernard , de Dorat,
du chevalier Bertin, de Bonnard et de plusieurs autres,
il se distingua surtout par l'à-propos et le coloris de
ses vers. Il conserva toujours la première de ces qualités et je vais citer un exemple que je crois peu
connu. Le prince Jérôme, frère de Napoléon, était de
retour d'une croisière fort pacifique, qu'il avait faite
sur la Méditerranée. Boufflers, alors âgé de près de 72
ans, l'ayant rencontré chez la princesse Elisa, écrivit
sur-le-champ ces vers dont la délicatesse fait oublier
le ridicule :

> Sur le front couronné de ce jeune vainqueur,
> J'admire ce qu'ont fait deux ou trois ans de guerre;
> Je l'avais vu partir ressemblant à sa sœur ;
> Je le vois revenir ressemblant à son frère.

M. de Boufflers, qui avait fondé en 1791, avec MM.
Malouët de Virieu et Larochefoucault, le *club des Im-
partiaux*, fit décréter par l'Assemblée nationale, où il
se fit remarquer par la sagesse et la modération de sa
conduite, la propriété des découvertes et inventions
en faveur de leurs auteurs.

M. de Boufflers, après avoir fait les délices de la
cour de France avant la révolution, initia la nouvelle
cour impériale à l'atticisme et à la splendeur de
l'ancienne. Il mourut en janvier 1815, à l'âge de 78 ans,
laissant une mémoire pure et honorable.

vivacité de son esprit et à la noblesse élégante de ses manières. La femme du général Leclerc (depuis princesse Elisa Borghèse) professait surtout pour lui une espèce de culte, et exigeait qu'il vînt souvent la visiter.

Bonaparte rencontrait quelquefois M. de Boufflers dans le salon de sa sœur et se plaisait à converser avec lui en l'interrogeant sur ses voyages en Afrique (M. de Boufflers avait commandé l'île Saint-Louis au Sénégal) et sur son séjour à Berlin pendant l'émigration. Un jour, que le consul, plus gai que de coutume, faisait raconter à M. de Boufflers quelques événements de la guerre de sept ans, le poète, qui avait son projet, s'étendit longuement sur la bataille d'Amembourg, l'une des plus sanglantes affaires de cette campagne septennale.

— J'ai ouï dire, Monsieur, dit le consul , que vous vous étiez distingué dans cette occasion.

— Mon Dieu , général , j'ai fait mon devoir, répartit simplement M. de Boufflers, j'étais alors capitaine de hussards : j'ai donné des coups de sabre. Mais , ajouta-t-il, un de mes camarades, le marquis de Saint-Maixent, comme moi capitaine , fit un trait de bravoure et d'audace auquel vous auriez applaudi dans vos plus belles victoires.

— Que fit-il donc ?

— Dans une charge , l'escadron à la tête duquel il se trouvait dépassa une batterie de douze pièces de canon. Les canonniers avaient été sabrés sur leurs pièces. En revenant, M. de Saint-Maixent fait mettre pied à terre à une partie de ses soldats, ordonne d'atteler les chevaux aux canons abandonnés , et rentre dans les lignes françaises sans avoir perdu ni un seul homme ni un seul cheval. Vous conviendrez, général, que c'était un assez singulier spectacle de voir des hussards ramener de l'artillerie, n'est-il pas vrai?

— Ce M. de Saint-Maixent était un brave homme, dit le premier consul, qu'est-il devenu?

— Hélas! général, répartit M. de Boufflers en soupirant, M. de Saint-Maixent a émigré.... et, pour nourrir une femme et quatre enfants, il s'est établi menuisier dans une petite ville de la Silésie.

Le consul ne répondit rien, mais le coup était porté.

Trois jours après, M. de Boufflers apprit par la sœur du consul que des ordres avaient été donnés pour la radiation du nom de M. de Saint-Maixent de la liste des émigrés, et qu'une somme de deux mille francs avait été adressée au chargé d'affaires de France à Berlin pour les besoins de cette famille.

— Je savais bien, s'écria M. de Boufflers, que ma description de la bataille d'Amembourg aurait plus de succès que mon ouvrage sur *le Libre arbitre* (1).

— Vous contez si bien, monsieur, répliqua Mme Leclerc, que de pareils succès ne doivent pas vous étonner. *Aline* (2) et la bataille d'Amembourg le prouveront de reste.

Je demande pardon à mes lecteurs de m'être un peu trop étendu sans doute sur M. de Boufflers, mais j'aurais eu toutes

(1) Sous le titre de *Libre arbitre*, M. de Boufflers publia, au commencement du siècle, un gros livre de métaphysique émanation vaporeuse de l'école germanique. Ce livre n'obtint aucun succès et l'auteur eut le bon esprit de retourner à la riante palette de Catulle et de Properce, qu'il avait un instant délaissée.

(2) Le joli conte d'Aline a été traduit dans quelques langues et a fourni le sujet de onze ouvrages dramatiques.

les peines imaginables à garder pour moi seul une anecdote qui fait tant d'honneur au poète et au grand capitaine.

L'appui de M. de Boufflers ne fut pas inefficace. Le général Murat voulut bien admettre mon fils, après quelques mois passés à l'École militaire de Fontaine-bleau, au nombre de ses aides-de-camp. Le chevalier de Boufflers, en m'annonçant cette heureuse nouvelle, me dit avec enjouement :

— Il y a quarante ans, Monsieur, je n'aurais pu offrir à votre fils qu'un grade subalterne dans le régiment que j'avais l'honneur de commander. Aujourd'hui, je le fais officier, et je puis vous donner l'espoir qu'il deviendra général.

L'aimable poète ne savait pas si bien dire.

Mlle Contat (de la Comédie-Française), ma cliente, m'adressa, vers 1804, un

homme qui s'était fait une espèce de réputation par ses lazzis (1). C'était Camerani, alors caissier perpétuel du théâtre
de l'Opéra-Comique. Camerani avait le
goût des procès, et tout le temps qu'il
ne consacrait pas à ses fonctions théâtra-
les était employé à méditer et à commen-
ter les engagements des compositeurs,
des auteurs et des acteurs. Il vint chez
moi, formula des plaintes fort vives contre Méhul, contre Grétry, contre Alexandre Duval, et termina sa philippique en
me disant avec son accent italien :

« Monsiou, les auteurs, poètes et mou-
siciens, sont la peste et la rouine du
théâtre de l'Opéra-Comique. Ze vous en
prie, mettez les fers au feu au plus vite ;

(2) Un acteur fort célèbre de l'Opéra-Comique se
vantait devant Camerani d'avoir eu de beaux moments
dans un de ses rôles. *C'est vrai*, lui dit Camerani, *mais
il faut convenir, caro mio, que tu as eu de bien mau-
vais quarts d'heure.*

donnez-moi oune bonne consoultation
sur tous ces engagements, et plaidons. La
joustice est pour tout le monde et il faut
absouloument qu'elle prononce sur les
prétentions exhorbitantes de messious
« les auteurs, qui mettent le théâtre à doux
doigts de sa perte. »

J'examinai les pièces et je n'eus pas de
peine à me convaincre que les auteurs
étaient dans leurs droits, et agissaient en
vertu des clauses mêmes de leurs traités.

— C'est singoulier, me répondit Camerani, qui ne pouvait se refuser à l'évidence ; mais si nous entamions toujours
oun ou deux petits procès, cela ne ferait
peut-être pas mal.

— Vous les perdrez, répartis-je.

— Vous croyez, signor ?

— Je fais mieux que de le croire, j'en
suis sûr.

— En ce cas, poursuivit-il en se grattant l'oreille et en faisant la moue, il faut prendre oun *mezzo termine*, il faut négocier et tâcher d'avoir pour le théâtre des conditions meilleures.

— C'est la voie la plus simple et la plus honorable, les auteurs qui auraient défendu leurs droits avec vigueur, ne tiendront pas contre ßes justes observations que vous leur soumettrez, et dans l'intérêt de l'art, comme dans le leur, ils acquiesceront à toutes vos demandes.

— C'est votre avis?

— C'est mon avis.

— En ce cas, je me rends. Voulez-vous vous charger de les convoquer ici, signor advocato?

— Je m'en ferai un plaisir ; les moyens de conciliation sont ceux qui me conviennent le plus.

— Bravissimo !... j'aurais pourtant été assez aise de montrer un peu les dents à messious les auteurs ; mais dès que vous me dites qu'il n'y faut pas penser, je me résigne.

Le lendemain de cette scène quasi-comique, je voyais dans mon cabinet Méhul, Dalayrac, Grétry, Chérubini, plusieurs auteurs dramatiques et la presque totalité des sociétaires de l'Opéra-Comique, ayant à leur tête le semainier perpétuel Camerani. J'eus le bonheur d'aplanir les difficultés qui s'étaient élevées entre les comédiens, les artistes et les gens de lettres, et j'obtins même de ces derniers des concessions assez importantes. Dans sa joie bergamasque, Camerani, en me quittant, me prit les deux mains dans la sienne et s'écria :

« Signor advocato, Cicéron, en défendant jadis Roscius contre ce couquin de Fannius, n'a pas été plus élouquent et plus dévoué que vous pour nous. Accep-

tez tous nos remerciements et soyez persuadé que l'Oupéra - Coumique n'oubliera jamais lou service que vous loui
avez rendu. Il vous offre par ma voix
oune loge à perpétuité pour vous et vos
descendants. »

Je refusai bien entendu la loge dont le
bon Camerani voulait me gratifier au
nom de ses camarades , mais je ne pus
éviter l'invitation au dîner splendide, aux
apprêts duquel il devait présider luimême (1), et où les auteurs, les compositeurs et les artistes , devaient sceller la
paix si heureusement conclue entre les
puissances belligérantes.

Ce fut dans cette circonstance que je
me liai d'une étroite amitié avec Méhul

(2) Camérani était fort gourmand et avait fait une
étude approfondie de l'art culinaire. On sait qu'il
inventa un potage fort coûteux qui porte son nom et
qu'il fut membre, fort assidu, du comité de dégustation
fondé par Grimod de la Reynière.

et Grétry, hommes admirables par le cœur et par le talent et dont la perte, après plus de vingt années., m'arrache encore d'amers regrets.

Camerani ne cessa de me donner des témoignages d'attachement et de confiance. Et à cette occasion, je citerai une aventure assez plaisante qui lui arriva chez mon vieil ami Boulard, notaire à Paris et bibliophile renommé.

Camerani, pour je ne sais quel livre qu'il voulait publier dans l'intérêt de l'Opéra – Comique, désirait compulser quelques vieux ouvrages qui traitaient de l'origine de la Comédie italienne. Il me consulta.

— Je ne puis guère, lui répondis-je, vous servir de guide dans de semblables recherches; mais je vais vous mettre entre les mains d'un homme qui vous indiquera les sources où vous devez puiser.

Je le conduisis chez M. Boulard.

M. Boulard écouta attentivement Camerani, et quand celui-ci eut terminé la
longue série de ses questions.

— Les soins de mon étude m'empê-
chent de vous accompagner dans ma bibliothèque, répartit le notaire ; mais en
voici les clefs, vous chercherez. Je crois
que vous trouverez votre affaire du numéro 11 au numéro 17. Vous verrez.

Or, il est bon de savoir que M. Boulard
avait une prodigieuse quantité de livres,
et que toutes les chambres de son vaste
appartement étaient envahies par des in-
folio, des in-4°, des in-8° et des in-12, en-
tassés les uns sur les autres et présentant
des pyramides chancelantes de douze ou
quinze pieds de hauteur (1).

(1) Quelques années plus tard, M. Boulard fut obligé,
pour loger ses livres, de donner congé aux locataires
de sa maison à mesure qu'il augmentait son trésor bi-
bliographique.

Camerani , en parcourant ces' cata-
combes de la pensée , poussait de temps
à autre des exclamations de surprise :

— Per Bacco ! que de livres ! mais c'est
un labyrinthe que tout cela ! c'est une
tour de Babel ! Comment m'y reconnaî-
trai-je ?

Cependant à l'aide des indications que
nous avait données M. Boulard , nous
pûmes saisir, mais non sans de grandes
précautions , les livres nécessaires à son
travail.

Camerani s'assit sur un ballot de livres,
improvisa un pupître sur ses genoux avec
un in-folio , et se mit à prendre des
notes.

Dans un cabinet voisin , un antique
exemplaire de la *Somme rurale* de Bou-
teiller m'était tombé sous la main et je
m'étais mis à le feuilleter avec une vive
curiosité.

Tout à coup, une de ces grandes pyramides de livres, que nous avions heurtée sans doute en passant, s'écroule avec fracas.

Camerani jette un cri perçant, descend rapidement l'escalier, entre pâle et blême dans l'étude de M. Boulard et s'écrie :

— Ah ! monsiou ! monsiou ! quel malhour ! quel malhour ! votre ami et le mien vient de périr là-haut ! il a été écrasé sous une montagne de vos livres ! Du secours ! du secours ! je vous en prie, et cinquante louis au brave qui me rendra mon cher avocat sain et sauf.

M. Boulard et ses clercs ne lui laissent pas achever sa phrase, ils s'élancent à l'envi l'un de l'autre sur l'escalier, le franchissent et arrivent dans la bibliothèque où ils sont tout étonnés de me voir debout, cherchant à m'expliquer la cause de cette chute inattendue.

— Etes-vous blessé ? mon ami, me dit M. Boulard.

— Nullement, répondis-je , qui a pu vous le faire croire ?

— Votre diable d'Italien , qui est venu nous dire que vous étiez resté enseveli sous mes livres.

— Le pauvre Camérani s'est trompé ; j'étais fort éloigné du lieu de l'accident. Mais lui, n'a-t-il point reçu quelque éclaboussure ?

— Il n'a que le mal de la peur ; mais il l'a bien , répartit M. Boulard. Descendez au plus vîte pour le rassurer, car il tremble de tous ses membres.

En me revoyant sain et sauf , le bon semainier de l'Opéra-Comique jeta un cri de joie et me sauta au cou.

— Ah ! mon cher ami , me dit-il , que vous m'avez donné d'inquiétude. Mais sortons, sortons d'ici promptement, je ne vous tiendrai en sûreté et moi aussi, que lorsque nous serons hors de ce maudit logis. Bon Dieu ! un homme raisonnable peut-il bien avoir des livres à la hauteur des jardins de Sémiramis !

Camerani ne voulut jamais remettre le pied dans la maison de M. Boulard. Il racontait souvent avec le geste et la pantomime vénitienne, la scène, fort peu dramatique en elle-même, de la bibliothèque ; mais telle était la mobilité de sa physionomie et la burlesque abondance de ses gestes, qu'il savait éveiller tour à tour, par ce simple récit, la terreur et l'hilarité.

L'année 1804 s'ouvrit au Palais par le mémorable procès de Pichegru, Moreau, Georges Cadoudal, Polignac et autres, accusés de conspiration contre la personne du premier consul. Je n'entreprendrai pas de retracer les incidents de ce procès , qui appartient tout entier à l'histoire ; mais en passant rapidement sur des détails aujourd'hui connus de tout le monde , je parlerai avec bonheur des avocats pleins de force , de lumière et d'éloquence, qui prêtèrent aux accusés l'appui de leur vertu et de leur expérience. Je paierai un juste tribut d'éloges à ces juges , qui repoussèrent d'une manière si digne les tentatives corruptrices qu'on ne cessa de faire auprès d'eux. A une époque où les croyances religieuses sont à peu près effacées du cœur des hommes, il est consolant de voir des magistrats défendre l'inviolabilité de leur conscience et la pureté de leur cœur , comme ils auraient autrefois défendu la sainteté et la vérité de leur foi.

Deux généraux qui avaient illustré les drapeaux de la République, Pichegru et Moreau , sont accusés d'avoir conspiré contre la personne du premier consul. Ils ont pour complices des gentilshommes, les deux Polignac, Rivière, Bouvet de Lozier, et des soldats vendéens, à la tête desquels on remarque Georges Cadoudal, le seul conspirateur peut-être parmi cette légion de conjurés.

Pichegru ne paraît pas aux débats, une mort mystérieuse l'a affranchi de la honte d'une audience où le titre d'assassin devait se joindre sur sa tête à celui de traître.

Toutes les classes de la société, toutes les opinions politiques, trouvent sur les bancs de la justice criminelle de nombreux représentants. Le royalisme pur, le royalisme constitutionnel, le républicanisme, la démocratie Babouviste, s'y rencontrent. Moreau avec Polignac, Georges auprès de Lajollais, Coster et Bouvet de Lozier, présentent une réunion bizarre, incohérente. C'est un pêle-mêle d'intérêts, c'est une cohue de sentiments politiques impossibles à décrire.

Cependant les alentours du Palais-de-Justice sont garnis de troupes ; des canons dorment dans la cour de la Sainte-Chapelle ; de nombreuses patrouilles sillonnent les rues étroites de la Cité et s'étendent au-delà des ponts. C'est que le Palais-de-Justice est en ce moment le lieu où va se dénouer un drame politique plus qu'un drame judiciaire. C'est qu'une autre bataille de Pharsale va décider encore une fois du sort de César et du sort de Pompée.

XI.

Les procès politiques sous l'Empire. — Les procès de
Moreau, de la reine d'Étrurie, du général Mallet.—
Sentences malheureuses. — Les plaideurs célèbres.
— Epilogue.

Les personnes qui ont bien voulu accorder quelque attention à ces souvenirs,
échappés à la plume d'un octogénaire, ne
se sont pas attendues sans doute à ce que
je retraçasse minutieusement les débats
des procès politiques qui précédèrent et

suivirent l'intronisation sur le trône de France de l'homme prodigieux qui fut tout à la fois le César et le Justinien de notre pays. D'ailleurs ces procès touchent encore à tant de convictions profondes, à tant d'intérêts élevés, qu'il serait peut-être inopportun d'en essayer le récit.

« Gardons-nous bien, dit Quintilien, de choisir les études historiques dans les événements contemporains. »

L'écrivain a beau vouloir s'isoler des passions, des haines et des amitiés de son époque, il ne réussira que faiblement à tenir dans un juste équilibre les balances de l'histoire. Je partage le sentiment de Quintilien, et je laisserai à d'autres le soin difficile de reproduire ces tristes épisodes de nos dissensions civiles.

Et de quelle sagacité, de quelle pénétration, de quelle impartialité ne faut-il pas être doué, pour dérouler l'immense procédure de la conspiration de l'an XII, pour indiquer dans ces débats mémorables le jeu des partis, les secrètes tentatives du pouvoir pour obtenir des condamnations capitales, les intrépidités éloquentes des avocats , qui se relayent valeureusement sur la brèche du prétoire , et qui épuisent toutes les finesses de la dialectique, tous les trésors de la pensée, toutes les ressources du talent oratoire pour disputer des têtes illustres au glaive de la loi. Bonnet, Dommanget, vos plaidoyers étincelants de verve, vos savantes et chaleureuses improvisations dans ce long et douloureux procès , auraient suffi pour établir votre réputation d'orateurs et de jurisconsultes, si déjà des triomphes moins éclatants, mais non moins honorables, ne vous avaient placés à la tête de ce Barreau dont vous étiez l'orgueil , et dont vous ne cesserez jamais d'être l'exemple.

L'éclat des splendeurs impériales com-
mencées par la naissance du roi de Rome,
permit à peine d'apercevoir le procès de
la reine d'Etrurie. Cette princesse, cap-
tive en France et jalouse de secouer un
joug qu'elle ne supportait plus qu'avec
peine, depuis l'exclusion de sa famille du
trône d'Espagne, eut l'imprudence d'envoyer au roi d'Angleterre son majordome
Francisco Sassi della Tosa. Ce gentilhomme fut arrêté à l'hôtel du Grand-
Doële, à Amsterdam, porteur de ses lettres
de créance auprès des ministres anglais, et
conduit en poste à Paris pour y être jugé
par une commission militaire (1).

Une commission militaire pour juger

(1) Un décret impérial du 16 juin 1811 ordonna que
Francisco Sassi della Tosa et ses complices, qui étaient
au nombre de quatre, à savoir : Chifenti, secrétaire-in-
time de la reine, Manucci Benin-Cosa, son premier
écuyer, les sieurs Basso, son banquier, et Vhigi, son
pharmacien et son maître-d'hôtel, seraient traduits de-

des hommes étrangers à la carrière des armes ! Mais telles étaient alors les préoccupations de l'époque et l'esclavage de la presse, qu'aucune voix, excepté celle des avocats des prévenus , ne se fit entendre pour flétrir cette atroce violation du droit des gens.

M⁰ Guichard , avocat du Barreau de Paris , présenta la défense de Sassi ; M⁰ Falconnet celle de Chifenti , et M⁰ Lebon celles de Manucci-Benin-Cosa , de Vhigi et de Basso.

Malgré les généreux efforts des défenseurs des deux prévenus principaux, Chifenti et Sassi furent condamnés à la peine de mort.

vant une commission militaire, comme prévenus d'avoir entretenu ou favorisé des intelligences criminelles avec les ennemis de l'Etat.

Quant à la princesse, on se borna à la resserrer plus étroitement que jamais dans le château de Nice, puis dans un couvent, à Rome, où elle fut transférée.

Les avocats avaient pressenti la condamnation de leurs cliens, et ils s'étaient mis en mesure d'intéresser au sort des malheureux Italiens les personnes les plus influentes de la cour des Tuileries. M⁰ Falconnet assiège la porte du cabinet impérial pendant trois heures : il n'est point accueilli. M⁰ Guichard éprouve le même sort ; mais un ingénieux stratagème le conduit dans l'appartement de l'impératrice, et là il invoque dans une chaleureuse supplique la pitié de la fille des Césars pour l'infortuné Sassi. Marie-Louise est attendrie, promet sa clémente intervention auprès de l'empereur, et l'avocat se retire le cœur inondé de la joie que donne une bonne action.

Le 25 juillet 1811, à six heures du matin, les deux malheureux sont extraits de la prison de l'Abbaye et jetés dans une voiture de place entre deux gendarmes.

La voiture part escortée d'un nombreux détachement de cavalerie. Elle arrive lentement au champ funèbre consacré à ces exécutions, la plaine de Grenelle.

M° Guichard, qui n'avait pas pris un seul instant de repos depuis la veille, suivit avec anxiété le triste cortége jusqu'au champ de mort. Arrivé à Grenelle, il voit les deux victimes se placer à l'endroit marqué pour recevoir la décharge mortelle.

—Grand Dieu! s'écrie l'avocat, l'impératrice n'aura-t-elle pu obtenir la grâce du pauvre Sassi!

Et les yeux de M° Guichard erraient au bout de l'horizon pour découvrir quelque signe de miséricorde.

Cependant, le peloton chargé de l'exécution avait les armes hautes; les condamnés, après s'être embrassés, s'étaient mis à genoux; on leur bandait les yeux.

L'avocat sent son cœur défaillir.

— C'en est donc fait , se dit-il arrachons-nous à ce déplorable spectacle !

Il fait quelques pas pour s'éloigner; un cri , un cri terrible s'échappe de sa poitrine :

— Suspendez l'exécution ! suspendez l'exécution ! voilà un envoyé de l'empereur.

Les soldats d'un seul temps relèvent les armes; les spectateurs poussent des acclamations de joie; on attend le cavalier à la livrée impériale, qui franchit l'espace avec rapidité, mais pas assez vite pour l'impatience des spectateurs et des condamnés sans doute.

C'est un page de Napoléon , qui remet à l'officier préposé à l'exécution un écrit ainsi conçu :

« Au nom et par ordre de l'empereur, l'exécution du nommé Sassi della Tosa est suspendue ; le capitaine-rapporteur fera exécuter le nommé Chifenti (1) et *fera assister à cette exécution* ledit Sassi, lequel sera ensuite reconduit dans les prisons.

» Le général commandant la première division militaire et la ville de Paris,

» Comte HULLIN. »

Sassi eut donc sa grâce ; il put d'un regard remercier son avocat, mais le sang de son malheureux compagnon jaillit jusque sur lui, et cet abominable baptême opéra une telle révolution sur Sassi, qu'il fut ramené mourant dans sa prison, où il expira quelques jours après.

La conspiration du général Mallet, qui éclata l'année suivante, émut davantage

______

(1) Chifenti fut exécuté sur-le-champ. Ce malheureux était père de six enfants, et sa mort tragique les livra à une affreuse misère. En 1814, sa veuve vint à Paris et sollicita du gouvernement français des secours qui lui furent accordés.

l'opinion publique, et porta une mortelle atteinte au gouvernement impérial. Ce conspirateur aux proportions antiques, ce républicain à la façon de la vieille Rome, a laissé bien loin derrière lui les Procida, les Rienzi, et tous ces citoyens exaltés, qui tentèrent à diverses époques de rendre la liberté à leur patrie asservie. Sans confidents, sans complices, sans argent et sans armes, le général Mallet entreprit seul de renverser le colosse qui épouvantait les rois, et qui enchaînait les peuples à son char de victoire. On sait à quoi a tenu la réussite complète de cette merveilleuse conjuration. Mallet l'avoue devant ses juges :

— Mon seul tort est d'avoir échoué, dit-il, et je n'ai échoué que pour avoir hésité une minute de trop à brûler la cervelle à un vil coquin.

L'officier dont parle Mallet est l'adjudant Laborde. Ainsi, un grain de sable fit évanouir ce complot, qui changeait les destinées de la patrie, et qui aurait peut-être épargné à la France la honte et les désastres d'une double invasion.

Si Mallet a donné dans la préparation et dans l'exécution de sa conspiration des preuves irréfragables de sa haute capacité, son attitude et ses discours devant ses juges témoignent de la force de son âme et de la générosité de son cœur. Tous ses efforts tendent à justifier ceux qu'il a entraînés dans sa chute; toutes ses paroles tendent à assumer sur sa tête seule les résultats terribles du *væ victis!* La noble fermeté de Mallet ne se dément ni devant le Tribunal qui va le dévouer à la mort, ni devant la mort même qu'on lui fera subir, longue et douloureuse (1). Il ré-

(1) Soit par hasard, soit par un affreux raffinement de cruauté, le général Mallet ne fut pas atteint à la pre-

pond au président , qui lui demande s'il a des complices :

— Toute la France , et vous-même , monsieur le président, si j'avais réussi.

A la plaine de Grenelle , une des victimes (le capitaine Borderioux), semblable à ces athlètes qui périssaient dans l'amphithéâtre de Néron, jetant aux bravos du peuple le *Vivat imperator*, crie, en tombant percé de balles :

— Vive l'empereur !

— Ton empereur, s'écrie Mallet en se retournant , a , lui aussi , reçu le coup mortel : il ne se relèvera pas.

Dix — sept cadavres couchés dans la plaine de Grenelle attestent la peur d'un gouvernement qui s'était laissé surpren-

mière décharge du peloton qui coucha sur le terrain ses seize compagnons. Il eut les honneurs d'une décharge particulière, et on l'acheva, ainsi que ses complices, à bout portant. *Vidi !*

dre , et qui craignait pour lui-même le châtiment d'un maître irrité.

Dans un pamphlet qui parut quelques jours après la sanglante exécution de Mallet et de ses prétendus complices, on accusa les avocats du Barreau de Paris de n'avoir point prêté l'appui de leur ministère aux nombreuses victimes de la commission militaire. Ce pamphlet fut reproduit avec des commentaires par les deux journaux les plus graves de l'Europe, le *Times* et la *Gazette d'Augsbourg.*

Les nobles usages du Barreau, le courage , le désintéressement, l'intrépidité même dont ses membres ont donné tant de preuves aux époques les plus désastreuses de notre Révolution, rendent parmi nous la justification inutile ; mais je crois devoir répondre aux attaques du *Times* et de la *Gazette d'Augsbourg,* dans l'intérêt même de la vérité. Ma réponse sera brève.

Plusieurs accusés avaient désigné des avocats, et on leur avait même permis d'écrire à leur futur défenseur. Au nombre de ces avocats désignés étaient MM. Bellart (qui ne plaidait plus depuis quelques années que fort rarement, mais qui dans cette circonstance n'aurait écouté que la voix de l'humanité), Bonnet, Guichard, Gayral et Dommanget. Aucun de ces honorables avocats ne reçut sa lettre de convocation, si ce n'est M. Bellart qui reçut la sienne le matin même de l'exécution.

Cependant deux jeunes avocats (dont je regrette bien vivement de ne point connaître les noms) arrivèrent spontanément à la fin de la séance du Conseil de guerre, et essayèrent de défendre quelques accusés. Ils avaient à peine fait en-

tendre deux ou trois phrases de leur plaidoyer qu'on leur ôta la parole. Voilà la
vérité telle que le *Times* et la *Gazette
d'Augsbourg* ne l'ont pas connue.

Le commencement de ce siècle fut signalé par deux erreurs judiciaires à jamais déplorables. Je veux parler du procès de Lesurques , condamné à mort
pour avoir assassiné le courrier de Lyon,
et de celui de Trumeau , également condamné à la peine capitale pour avoir
empoisonné sa fille (1). Ces fatales mé-
prises de la justice, dont le retour est, je
crois, devenu impossible, grâce aux sages
dispositions de notre Code criminel, affli-

____

(1) Un fâcheux antécédent contribua peut-être à la
condamnation du malheureux Trumeau. Dans sa jeunesse, il avait été garçon épicier chez Desrues, l'em-
poisonneur d'une dame Delamotte et de son fils. L'innocence de Trumeau ne fut reconnue qu'en 1821. Une
fille, son ancienne servante, admise dans un hôpital de
Paris, déclara, en mourant, qu'elle seule avait empoi-

gèrent profondément le Barreau, qui s'associe toujours avec tant de sollicitude à toutes les douleurs et à toutes les infortunes.

Les plaideurs, qui du temps de l'ancien Parlement fournirent à Labruyère, à Racine et à Despréaux des peintures si comiques et si spirituelles, reparurent avec les Tribunaux régulièrement constitués et le Barreau. La salle des Pas-Perdus reprit son antique aspect, et ses voûtes sonores retentirent comme par le passé des exclamations furibondes du plaideur mécontent et de l'aigre fausset du procureur disputant. Dès les pre-

sonné la fille de l'épicier Trumeau, dans l'espoir de se faire épouser par son maître, et que le malheureux père n'était pour rien dans cet horrible crime. Cette déclaration fut recueillie par le juge d'instruction, assisté de témoins, et la misérable femme ne tarda point à aller rendre compte à Dieu du double crime qu'elle avait commis.

mières années de la Restauration judiciaire, on remarqua au premier rang des
plaideurs, M. Selves et la marquise de
Douhault. M. Selves, les habits encore
couverts de la poudre du vieux prétoire,
vint continuer devant les cours d'appel
les quatre-vingt-trois procès qu'il nour-
rissait depuis quarante ans devant les
Parlements d'Aix, de Bordeaux, de Ren-
nes et de Paris. Athlète infatigable, on le
voyait dès l'aube dans la salle des Pas-
Perdus préluder aux plaisirs de l'audience
en discutant quelques points de droit
avec le premier avocat qui lui tombait
sous la main. A défaut d'avocat, M. Selves avait recours au buvetier, et souvent,
loin d'emporter les serviettes de l'établissement, comme la femme du juge Perrin
Dandin des *Plaideurs*, il était devenu
pour la buvette une source de fortune et
de prospérité. Les plaideurs vulgaires s'y

rendaient pour contempler M. Selves et pour profiter de ses leçons.

La marquise de Douhault n'était pas moins célèbre au Palais que M. Selves. Cette dame, que les uns regardaient comme un imposteur (1), que les autres vantaient comme une femme douée d'une grande énergie et d'une pieuse persévérance, remplissait le Palais, le monde et les journaux du bruit de son nom, de ses factums et de ses mémoires. Souvent battue dans ses luttes judiciaires, elle savait, comme M. Selves, se relever à l'improviste et rentrer dans l'arène avec des armes plus fortes et plus brillantes que jamais.

Ces deux existences de plaideurs se

(1) On a prétendu que cette femme n'était point la véritable marquise de Douhault, mais une aventurière qui s'était emparée des titres et des papiers de cette dame morte pendant l'émigration. Il y eut même, je crois, arrêt qui consacra cette version.

sont évanouies , un beau jour, de l'horizon des audiences, et avec elles s'est perdu sans retour peut-être le type du plaideur tel qu'il était au dix-septième siècle , tel qu'il était encore au milieu du dix-huitième.

Si le plaideur n'existe plus au point de vue du ridicule et de l'originalité , les procès existent toujours et probablement existeront jusqu'au dernier jour du monde. Au moment où j'écris ces lignes (15 novembre 1820), il y a encore au rôle de la Cour royale de Paris deux cent cinquante à trois cents procès. *Ab uno disce omnes.*

Mais si l'on doit déplorer cette manie affectée à l'espèce humaine de se disputer avec autant d'acharnement la propriété d'un pan de muraille que la possession d'une province , avec quel bonheur, avec quelle satisfaction ne doit-on pas accueillir la compensation? Ce fut dans les luttes obscures du prétoire, que se façonnèrent à l'éloquence, aux grandes et larges idées de politique générale, les Vergniaud, les Chapelier, les Barnave, les Mounier et tant d'autres hommes illustres de notre temps ; c'est encore là que s'essaient aujourd'hui les Dupin, les Berryer fils, les Hennequin, les Parquin, qui doivent un jour, dignes héritiers de la gloire du Barreau, soutenir à la tribune nationale l'honneur de la France et la cause sacrée de la liberté.

J'étais de retour à Paris depuis deux
jours , d'une petite excursion que j'avais
faite en Hollande et en Belgique pendant
l'automne de 1846 , et je me promenais
par une belle soirée d'octobre sur le bou-
levard des Italiens, lorsque je fus accosté
par un de mes anciens camarades du lycée

lade et souffrant, je songe sérieusement à faire mon testament. Dites à votre protégé qu'il peut se présenter sans crainte au Palais – Cardinal , et qu'il y sera reçu comme un notaire royal a le droit de l'être.

» Je suis avec passion , mademoiselle, votre bien affectionné ,

» Le cardinal DE RICHELIEU. »

— Je vous devrai donc tout , mademoiselle, s'écria Galuchard au comble de
la joie , ma félicité , mon avancement et
ma fortune. Comment pourrai-je jamais
reconnaître tant de bienfaits ?

—Rosalie, ma filleule bien-aimée, sera

heureuse avec vous, Galuchard ; c'est tout ce que j'exige de votre gratitude.

— Je délivrerais volontiers un certificat de ses bonnes et louables intentions, fit maître Porquet ; mais si quelque jour il oubliait un instant ce qu'il doit à la noble et incomparable Madeleine de Scudéry, la Sapho de notre France, sa femme et ses enfants sauraient bien l'en faire ressouvenir, et n'auraient pas besoin, soyez-en convaincue, mademoiselle, de procuration pour continuer à vous honorer et à vous bénir.

Galuchard devint effectivement le notaire du cardinal de Richelieu, et s'ac-
quitta avec une grande probité des legs
que le cardinal avait laissés sous le *tacet* à
sa disposition. Galuchard, qui prit le
nom de Miramion dix ans après, exerça

pendant vingt-cinq ans la profession de notaire à Paris : il devint échevin en 1676.

Le second clerc de maître Porquet, Monbrun, se fit recevoir avocat et obtint de grands succès au Parlement de Paris sous le nom de Sainte-Croix ; on a de lui des annotations au Digeste fort estimées.

Quant au troisième clerc, Domitien, il prit le parti du théâtre et devint l'un des plus spirituels, l'un des plus comiques acteurs de son époque. Sa réputation est encore vivante au Théâtre-Français : il s'appelait Poisson.

FIN DU TROISIÈME ET DERNIER VOLUME.

TABLE

II.

III.

IV.

V.

VI.

VII.

VIII.

IX.

X.

XI.

FIN DE LA TABLE DU DERNIER VOLUME.

Angers. Imprimerie de Cosnier et Lachèse.

Mon camarade se mit à sourire imperceptiblement.

— Et que viens-tu faire à Paris? continuai-je.

— Un triste devoir m'y a appelé, me répondit-il. Mon vieux père vient de mourir. Il avait plus de quatre-vingts ans, c'était le Nestor du vieux Barreau parlementaire. Je me trouve par cette mort à la tête d'une honnête fortune. De trois enfants que nous étions, je suis seul resté. Mon frère aîné, le général, a été tué à Leipsick ; mon second frère est mort, il y a quatre ans, en revenant des Indes, où des affaires commerciales l'avaient attiré. Je suis seul ; c'est bien triste.

— Oui, c'est bien triste ; mais une belle fortune parvient à sécher les larmes les plus légitimes et les plus sincères.

— Oh ! la fortune !... vingt mille livres de rentes seulement ..

— C'est modeste. Te voilà électeur?

— Et éligible, ajouta M. N... avec un soupir que Molière aurait enregistré et traduit.

— Et procureur-général, ajoutai-je à mon tour.

— Tu crois !

— Si je le crois ; tu serais fâché, mon cher ami, de ne pas le croire aussi.

— Et toi, mon cher, que fais-tu? reprit N.... Tu as quitté depuis longtemps la carrière des armes?

— Hélas ! oui, pour en prendre une mille fois plus pénible et plus dangereuse.

— Tu es homme de lettres ?

— C'est un titre que Voltaire ne prenait qu'en tremblant ; je m'occupe de littérature, c'est moins ambitieux. Je compose des romans, j'écris dans les journaux.

— Ah ! tu écris dans les journaux.

— Quelquefois.

— Alors, je veux que tu me rendes un service. Mon père m'a laissé des mémoires, je n'ai pas eu le loisir de les lire, mais je suis persuadé qu'ils ne manquent pas d'intérêt ; je te les confie. Te charges-tu de les faire insérer dans un journal grave et spirituel tout à la fois ?

— Tu tombes heureusement, je travaille au *Droit*.

Le lendemain de cette conversation, j'allai voir mon ami le futur procureur-général, qui me remit entre les mains les *Mémoires d'un avocat*.

Telle est l'origine de ces mémoires, que les lecteurs du *Droit* ont accueilli avec tant d'indulgence, il y a près de trois ans. Si par aventure mon ami le procureur-général retrouvait un nouveau manuscrit (car celui-ci s'arrête à 1820, et le vieil avocat n'est mort qu'en 1840), je me regarderais comme obligé d'en faire part au public, si, comme j'ose l'espérer, ces mémoires obtiennent son suffrage.

FIN DES MÉMOIRES D'UN AVOCAT.

UNE ETUDE DE NOTAIRE

AU XVII^c SIÈCLE.

La place Maubert a été longtemps le
centre de Paris ; voisine de l'Université ,
du Palais, des écoles publiques, chacune
de ses maisons était habitée par des avocats , des conseillers au Parlement et des
professeurs de collége.

Par un contraste bizarre, le milieu de cette place, bordée au midi par le couvent des Carmes (dits de la place Maubert), était consacré de temps immémorial à un marché très abondamment approvisionné et très fréquenté par les populations des faubourgs Saint-Jacques et Saint-Marcel. Malgré les clameurs incessantes, les philippiques fangeuses, les apostrophes virulentes qui s'élevaient sans cesse du sein de ce petit espace, les paisibles habitants des édifices qui formaient la ceinture inégale de la place se livraient chaque jour à leurs doctes et utiles travaux. Le moine priait dans son cloître, l'avocat pensait dans son cabinet, le magistrat méditait dans son jardin comme saint Jérôme dans les déserts de Syrie, comme Cicéron sous les ombrages de Tibur, comme Dioclétien dans les jardins de Salone. L'âme du lévite, de l'avocat, du juge était alors absorbée par une seule pensée : l'amour du devoir. Dégagés des déplorables erreurs qui nous font oublier aujourd'hui ce que nous devons à Dieu, à l'Etat, à nous-mêmes, qu'importait en effet à ces graves personnages les tempêtes populaires de la place Maubert ? Leur cœur et leur esprit, constamment appliqués au service de leurs semblables et à la gloire de Dieu ne laissaient point pénétrer jusqu'à leur âme les vains bruits du dehors : pour eux, les convulsions tragiques ou comiques de la place Maubert n'avaient pas plus de charmes que les intrigues du Louvre ou de Saint-Germain.

L'origine de la place Maubert est toute scolastique. Albert Groot, savant théologien allemand, étant venu à Paris, vers 1234, professer dans l'Université, attira, par les séductions de sa parole, l'étendue

de son érudition et l'éclat de sa renom-
mée , un nombre prodigieux d'écoliers.
Les classes ordinaires de l'Université ne
purent contenir ces flots d'auditeurs , et
Albert Groot (*groot* en allemand signifie
grand) fut obligé de faire ses leçons au
milieu de cette place qui en a retenu le
nom de place Maubert, comme qui dirait
de Maître-Aubert ou Albert. Vers la fin
du XVIIe siècle , on lisait encore sur une
tablette de marbre noir incrustée dans
une maison qui faisait face au couvent ce
distique en l'honneur du savant incomparable qui fit , au XIIIe siècle , l'orne-
ment et la gloire de l'Université de Paris :

Inclitus Albertus, doctissimus atque disertus,
Quadrivium docuit, ac totum scibilè scivit.

Albert-le-Grand (1) est donc le véritable fondateur de la place Maubert , et

(1) On voyait encore avant la Révolution , dans l'é-
glise des Jacobins de la rue Saint-Jacques , un monu-

il n'est point hors de propos de remarquer ici que tous les monuments utiles
de notre vieux quartier de l'Université
sont dus à des personnages éminents dans
les sciences, dans la piété, dans les arts
et dans la vertu : Maurice de Sully, évêque de Paris, jeta les fondements de
Notre-Dame ; Jacques d'Amboise édifia
l'hôtel de Cluny ; le cardinal de Richelieu
éleva les magnifiques bâtiments de la Sor-
bonne ; le cardinal Mazarin les vastes
constructions du collége des Quatre-
Nations ; de simples citoyens, des pré-
vôts des marchands, des échevins, des

ment qui avait été élevé à la mémoire de ce grand
homme. Il y était représenté debout, couvert de ses
habits épiscopaux et tenant un livre à la main. On lisait sur le piédestal de la statue : « Saint Albert, de la
maison royale de Bolstadt, surnommé le Grand, à raison de sa prodigieuse science et du grand nombre de
livres qu'il écrivit de toutes matières, fut docteur de
Paris, régent en cette école l'an 1236, maître du sacré
Palais, évêque de Ratisbonne, décéda l'an 1286. »

quarteniers fondèrent à l'envi des col-
léges, élargirent des rues, construisirent
des fontaines publiques et réparèrent des
édifices en ruines. Le zèle, le patriotisme
des particuliers a plus fait pour l'embel-
lissement de la capitale que l'orgueil et
la vanité des édiles modernes, bien que
ceux-ci aient à leur disposition plus de
ressources financières que nos bons et
loyaux ancêtres.

A l'angle de la rue Galande et de la
place Maubert, au rez-de-chaussée d'une
maison d'assez maigre apparence, se révélait à tous les yeux (grâce à des pa-
nonceaux fleurdelysés), et depuis plus
de deux cents ans, l'étude d'un notaire
au Châtelet.

En 1641, cette vénérable étude avait
pour titulaire et pour propriétaire maître
Jean-Baptiste Porquet, qui passait, parmi les notaires au Châtelet, ses confrères,

dans un temps où l'intégrité, les lumières
et la probité étaient communes dans cette
utile compagnie, pour un homme doué
d'une grande sagesse et d'une grande ré-
gularité. Maître Jean-Baptiste Porquet
était resté veuf à l'âge de quarante ans,
et une fille qui atteignait, à l'époque que
nous essayons de décrire, sa vingtième
année, était le seul fruit d'une union que
la religion et la vertu avaient rendue
douce et attrayante pendant plus de
quinze ans.

La famille (et dans ce saint nom de famille, il faut comprendre, quand on se
reporte à ce temps-là, tous ceux que le
devoir ou l'affection attachaient à un chef
de maison) se composait de maître Porquet, de sa fille Rosalie, de son premier
clerc Galuchard, d'un second clerc nommé Monbrun, et d'un petit clerc ou saute-
ruisseau auquel on avait donné le sobri-

quet de Domitien , en raison sans doute
de son adresse à attraper les mouches de
l'étude et à les immoler à l'aide d'une
épingle noire à la tranquillité publique.
Une de ces bonnes grosses servantes à la
figure épanouie , à la brusque parole ,
telles que Molière nous en a légué le type
dans son *Bourgeois gentilhomme* et dans
les *Femmes savantes,* prenait soin du ménage , aidait sa jeune maîtresse à confec-
tionner les modestes atours de sa toilette,
et régentait les clercs en l'absence de
maître Porquet et de son premier clerc.
L'Hécate champenoise savait remplir ces
triples fonctions à la satisfaction générale,
et depuis treize ans qu'elle était au service de l'étude , aucune plainte , aucun
grief ne s'étaient élevés sur son compte.
La bonne fille s'était si bien identifiée
avec les intérêts de son vieux maître, que
les cliens de l'étude n'hésitaient point ,

en l'absence du patron ou de son maître-
clerc, à lui recommander les affaires les
plus importantes.

« Soyez tranquille, monsieur, disait-
elle avec un aplomb admirable, votre
affaire est en bonnes mains; *nous* y son-
geons, mais *nous* avons tant de besogne
en ce moment, qu'à peine nous serait-il
loisible de dire un *Pater* entre l'expédition de deux actes. »

Le client riait, la bonne fille riait aussi
en montrant ses belles dents blanches, et
tout le monde était content.

L'étude de maître Porquet était une
petite salle basse construite en forme de
clavecin; trois tables noires et difformes,
revêtues d'un cuir rare et tanné et gar-
nies de leurs escabeaux, occupaient les
trois côtés du triangle. La table du maître-
clerc, qui ne cédait point en décrépitude
à ses compagnes, était juchée sur une

vieille estrade vermoulue, qui supportait aussi en gémissant un fauteuil de cuir de Hongrie contemporain sans doute de celui du roi Dagobert. Quelques bancs bien luisants et deux ou trois tabourets recouverts en lambeaux de tapisserie, étaient rangés symétriquement contre les murailles, pour la commodité des clients, et trois fenêtres ornées de barreaux de fer, donnant sur la place Maubert et sur la rue Galande, se chargeaient d'apporter dans le cénacle un jour tamisé par les innombrables toiles d'araignées qui unissaient entre eux les barreaux de fer, et en faisaient une seule et même devanture aux regards des passants.

Le 23 septembre 1641, l'étude était au complet ; le maître-clerc, le second clerc et le saute-ruisseau Domitien grossoyaient à qui mieux mieux. Le premier terminait un inventaire, le second s'escrimait à pondérer les chiffres d'une liquidation épineuse, le troisième copiait un contrat de mariage. Malgré l'activité des plumes, les langues ne restaient pas oisives, et dans les intervalles du travail, dans les courts moments de trève que les occupations les plus sérieuses permettent aux moins paresseux, l'imagination des jeunes gens prenait son essor tantôt sur une matière, tantôt sur une autre.

— Galuchard, dit le second clerc, avez-vous été voir la nouvelle pièce de M. Corneille?

— Non, répartit le premier clerc sans lever les yeux sur son interlocuteur, la besogne presse trop ; vous savez, Monbrun, que je ne puis guère m'absenter de l'étude, même le soir.

— D'autant plus que Mlle Rosalie, la fille de notre patron, va chaque soir aux vêpres à l'église Saint-Benoît, grommela le saute-ruisseau.

—. Qu'est-ce que vous marmotez là entre les dents , Domitien ? fit Galuchard.

— Rien , monsieur le premier ; rien , je vous jure , répartit Domitien. C'est la minute de ce diable d'acte qui est si mal écrite que je suis obligé d'épeler les mots.

— Je vous conseille, Galuchard, reprit Monbrun, d'aller voir ce nouvel ouvrage de l'auteur du *Cid*. Ah ! vrai , il y a de bien beaux morceaux....

—Soyons amis, Cinna, c'est moi qui t'en convie !

interrompit Domitien.

— Comment ! Domitien se mêle d'aller à la comédie ? s'écria Monbrun.

— Et pourquoi pas , s'il vous plaît , monsieur le second ? riposta Domitien ; ne suis-je pas capable de tenir ma place au parterre aussi bien que vous ?

— D'accord, mais tu as à peine atteint ta seizième année, et le théâtre n'est pas un lieu favorable à former au travail un jeune homme déjà fort enclin à la paresse et à la dissipation.

— Merci, monsieur le second ; mais apprenez que je ne veux pas rester toute ma vie encapuchonné dans une étude de notaire : je veux être auteur et comédien quand je serai grand.

— Le beau comédien que cela fera ! Domitien, je te retiens un billet pour tes débuts.... qui seront magnifiques, je le crois.

— Mes pareils à deux fois ne se font pas connaître,
Et pour des coups d'essai veulent des coups de maître.

déclama Domitien en se drapant orgueilleusement dans sa cape de tiretaine.

— Laissez ce fou de Domitien et répondez-moi, Monbrun, reprit le maître-clerc : M. Corneille est-il véritablement, dans son nouvel ouvrage, à la hauteur de son *Cid ?*

— Je ne saurais que vous répondre là-dessus, Galuchard, je craindrais trop d'être partial. D'ailleurs, vous n'ignorez pas qu'il y a un auteur que je préfère à Corneille.

— Et cet auteur est? demanda Domitien en se penchant sur son pupitre à la façon des dragons de pierre qui ornent la toiture des édifices gothiques.

— M. de Scudéry, curieux imperti-nent, répondit Monbrun.

— Je parie alors que vous préférez les pièces de Hardi à celles de Jodelle, con-tinua Domitien sur le même ton.

— Sans doute.

— *Qui Bavium non odit, amet tua car-mina, Mœvi!* répartit Domitien en faisant le plongeon sur son escabeau.

— Allons, trève de folies ! Domitien, dit Galuchard d'une voix sévère, travaillez, ou sinon je serai obligé en conscience de me plaindre de vous à maître Porquet lorsqu'il reviendra céans.

— Ah ! vous voulez me réduire au silence, eh bien ! je ne dirai plus rien, monsieur le premier. Vous saurez, cependant, que j'avais une bonne nouvelle à vous apprendre. M. Monbrun vient de m'y faire penser en croassant les louanges de M. de Scudéry. Il s'agit de la sœur de ce M. de Scudéry qui est, comme vous savez, la marraine de Mlle Rosalie, l'héritière de céans.

— Ah ! parle, Domitien, s'écria Galuchard en jetant sa plume sur la table.

— Non, parbleu ! je ne parlerai point, vous me l'avez défendu.

— Je t'en prie.

— Point.

— Voyons, je suis tout oreilles....

— Maître Porquet n'aurait qu'à rentrer, je courrais grand risque de faire tirer les miennes ; car votre conscience vous obligerait à m'accuser de paresse. Je ne veux point encourir ni le blâme du patron ni votre colère.

— Agis donc comme tu l'entendras, Domitien, répondit le premier clerc , tu es libre de ta langue, j'ai tort.

Et Galuchard se leva et se promena en long dans l'étude comme un homme atteint d'une vive et profonde mélancolie.

Aucun de ses mouvements n'échappait à Domitien qui , bientôt touché de la tristesse de son supérieur, lui dit :

— Monsieur Galuchard , je ne suis point un méchant garçon , je vais vous dire ce que vous désirez savoir. Mais gardez-moi le secret.

— Le secret, Domitien, oh ! je te le promets.

— Eh bien ! écoutez : J'ai été porter ce matin une lettre de Mlle Rosalie à Mlle de Scudéry. Mlle Rosalie m'a dit qu'elle annonçait dans cette lettre, à sa marraine, et les tourments de son cœur, et elle a pleuré en me disant cela, et la détermination de son père qui veut, comme vous savez, vendre prochainement son étude.

— Et que t'a répondu Mlle de Scudéry ? interrompit vivement Galuchard.

— Mlle de Scudéry a lu attentivement la missive que je lui ai remise. Des larmes roulèrent dans ses yeux au récit des tribulations de sa filleule bien-aimée. « Domitien, m'a-t-elle dit, après avoir réfléchi quelques moments, retournez auprès de Rosalie, et assurez-la que la journée ne se passera pas sans que j'aille à l'étude de son père. » Elle me donna

alors une pièce de douze sous pour ache-
ter des livres et me congédia ; mais en
m'en allant je l'entendis s'écrier : « La
pauvre enfant, il faut que je contribue à
son bonheur ! »

— Elle a dit cela, Domitien? fit Galuchard.

— Voilà ses propres paroles.

— Et elle va venir?

— Elle va venir. Je m'étonne même
qu'elle ne soit pas déjà arrivée. Mais, tenez, monsieur Galuchard , quand on
parle du loup on en voit la queue. Voici
un carrosse qui s'arrête à la porte , je
parie que c'est Mlle de Scudéry...... et le
patron qui n'est pas encore revenu du
Châtelet !

Domitien ne se trompait pas. Un car--
rosse de louage s'arrêtait à la porte du
notaire, et une femme de trente ans, mise
avec plus d'opulence que d'élégance, en
descendait appuyée sur le bras de deux
laquais en livrée.

Madeleine de Scudéry ne jouissait pas encore de la brillante réputation littéraire qu'elle obtint depuis, et qui lui valut à juste titre le surnom de la Sapho française, elle n'avait point encore publié ni le *Grand Cyrus*, ni *Clélie* ; mais elle était déjà célèbre dans les belles ruelles de Paris par l'éclat de son esprit, et les deux premiers tomes de son roman d'*Artamène* qu'elle venait de faire imprimer, commençaient à attirer sur elle les regards du public. Madeleine de Scudéry était........ laide, mais une stature élevée, des manières distinguées, une voix pure et sonore, des yeux d'une expression indéfinissable de douceur, répandaient sur toute sa personne un parfum de grandeur et de poésie. Mlle de Scudéry entra dans l'étude, et son apparition fit immédiatement cesser l'entretien des clercs.

A cette époque, les jeunes gens regardaient les femmes comme des êtres privilégiés dignes du respect et de la sollicitude de tous. On ne forçait point les femmes à rougir sous leurs voiles ou sous leurs masques de propos empruntés à Martial et à Meursius, et la timidité chez un jeune homme était le plus sûr indice d'une bonne et religieuse éducation.

— Maître Porquet est-il dans son cabinet? demanda Mlle de Scudéry.

— Non, mademoiselle, répondit le maître clerc en se levant et en saluant la cliente avec un respect où il se mêlait beaucoup de gratitude ; mais Mlle Rosalie est au logis, et si Mademoiselle le désire, je vais la faire prévenir.

— Ne dérangez pas Rosalie, Monsieur, je veux parler à son père avant de la voir. Si vous le voulez bien, je vais attendre ici l'arrivée de maître Porquet.

— Comment donc, Mademoiselle, s'é-
cria Domitien, mais vous nous ferez bien
de l'honneur. Tenez, Mademoiselle, as-
seyez-vous... Je vais courir au-devant du
patron pour le hâter. En prenant le Pont-
au-Double, je suis sûr de le rencontrer,
c'est son chemin d'habitude.

— Non, mon jeune ami, non, ne vous
absentez pas, vous me désobligeriez, répartit Mlle de Scudéry ; j'ai tout le temps,
je vous assure, d'attendre maître Porquet. J'emporte toujours avec moi de
quoi occuper mes loisirs, et par là je ne
suis jamais à charge ni aux autres ni à
moi - même. Continuez votre besogne,
Messieurs, et occupons-nous chacun de
notre côté.

Mlle de Scudéry s'assit sur l'escabeau
que lui avait présenté Domitien, et reti-
rant de sa poche un petit volume relié en
maroquin noir, et sur le dos duquel on

lisait : *Imitation de Jésus-Christ*, elle se mit à lire. Seulement de temps à autre ses yeux se reposaient sur le maître clerc, qu'elle semblait considérer avec une attention toute particulière. Le pauvre Galuchard, dont le front blanc distillait une sueur froide, était en proie à une émotion violente, qui n'échappait ni à la cliente, ni à Domitien, dont l'œil de lynx planait tout à la fois sur l'étude, sur la rue et sur le contrat de mariage qu'il transcrivait.

— Voilà maître Porquet ! s'écria Domitien au bout de quelques instants.

Maître Porquet entra bientôt, en effet,
et après avoir fait une profonde révé-
rence à Mlle de Scudéry, il la fit passer
dans son cabinet.

— Mon cher maître, dit-elle, monsei-
gneur le cardinal de Richelieu vient de

m'accorder une pension de 2,000 livres ; d'un autre côté, mon frère, dont je craignais les dissipations et les largesses , est nommé gouverneur de Notre-Dame-de-la-Garde en Provence, et ce poste le met pour toujours à l'abri du besoin où ses folies tragiques (1) auraient pu l'entraîner. Je me trouve libre de disposer

(1) Le gouvernement de la citadelle de Notre-Dame-de-la-Garde était fort peu de chose. Chapelle et Bachaumont s'en sont moqués dans leur voyage :

> C'est Notre-Dame-de-la-Garde ,
> Gouvernement commode et beau,
> A qui suffit pour toute garde
> Un suisse avec sa hallebarde
> Peint sur la porte du château.

Quoi qu'il en soit , cette place rapportait à Scudéry près de 2,000 livres, somme assez ronde pour le temps. Par malheur, le *bienheureux* Scudéry n'en fut ni plus riche ni moins fanfaron , et il continua à mener une vie plus digne d'un grand seigneur que d'un simple gentilhomme et d'un écrivain. Ses profusions le ruinaient. C'est lui qui disait : « Je ne reconnaîtrai la supériorité de Corneille que lorsqu'il aura eu comme moi trois portiers étouffés à la première représentation de ses pièces. » Le fait était, en effet, arrivé.

comme je l'entends du petit capital que j'ai déposé, il y a dix ans, entre vos mains, si j'ai bonne mémoire, et je viens vous le demander.

— Rien de plus juste, mademoiselle, répondit le notaire avec une gravité toute romaine, et si vous voulez bien me permettre de vous fausser un instant compagnie, je vais vous remettre entre les mains le dépôt tel que je l'ai reçu le 6 avril 1631.

Maître Porquet ouvrit une grande armoire de noyer qui était placée au fond de son cabinet, et en retira six sacs étiquetés et couverts de poussière ; un septième, revêtu également d'une étiquette indicative, fut retiré d'un tiroir et vint se ranger auprès des autres.

— Chacun de ces gros sacs, dit le notaire, contient 1,000 livres en argent, ce qui fait une somme de 6,000 livres ; dans ce petit sac se trouvent six autres mille livres en or, ce qui nous donne un total de 12,000 livres, chiffre exact de la somme que vous réclamez. Est-ce bien cela, mademoiselle ?

— Comment, mon cher maître, répartit Mlle de Scudéry, je crois, Dieu me pardonne, à voir la vétusté de ces sacs, la poudre qui les couvre, et jusqu'aux toiles d'araignée qui les ornent, que cet argent n'a pas changé de gîte depuis dix ans.

— L'argent confié à un notaire, mademoiselle, répartit aussitôt M° Porquet, est comme le secret que l'on confie à un confesseur, il est inviolable et sacré. Je vais vous montrer, si vous voulez bien le permettre, le paragraphe des *Etablissements* de saint Louis, où ce devoir de notre profession est tracé avec une naïve énergie.

Et le bon garde-notes, avec ce flegme

et cette bonhomie qui furent si longtemps les qualités distinctives des vrais
bourgeois de Paris, alla prendre sur les
rayons d'une bibliothèque composée en
grande partie de livres de jurisprudence
et de piété (car en ce temps-là l'étude des
lois humaines était appuyée sur l'étude
de la religion), un gothique in-folio qu'il
posa religieusement sur le bureau.

— Voici, mademoiselle, les *Etablisse-*
ments de saint Louis, le Code fondamen-
tal de toutes les corporations et de tous
les états..... Ecoutez, je vous prie, comment le saint législateur entendait la pratique de tous les devoirs, et j'oserai dire
de toutes les vertus essentielles à un
homme, à un citoyen, à un chrétien.

Maître Porquet mit symétriquement
ses lunettes sur son nez et lut ce qui
suit :

« Les tabellions et notaires pourront
» recevoir en dépôt les deniers des particu-

» liers, mais il leur est interdit de faire
» usage desdits deniers , soit pour eux-
» mêmes, soit pour les affaires d'autrui. La
» contravention à ce règlement du Conseil
» du roi notre sire entraînerait de plein
» droit la perte de l'office, et le délinquant
» sera puni d'une amende qui sera versée
» dans les coffres de l'État. (1) »

On avait besoin, mademoiselle, ajouta maître Porquet , de créer une pénalité rigoureuse pour ces sortes d'infractions à la probité. A Paris , grâce à Dieu , le notariat est toujours resté depuis bientôt cinq cents ans dans les voies de la droiture et de l'équité ; mais en province et dans les justices subalternes, le *tabellionat* était exercé par des gens de peu de valeur. Dans plusieurs lieux, au XIVe siècle,

(1) Etablissements de saint Louis , paragraphes 7 et 9 : *De Professione tabell.*

le boucher ou le barbier faisait l'office de notaire. Philippe-le-Bel réprima cet abus par son ordonnance du mois de juillet 1304, où il dit : *Tabelliones seu notarii publici, auctoritate nostrâ, nullo vili officio, vel ministerio sese immisceant vel utantur, nec carnifices vel barbi tonsores existant. Quod si fecerint, ipsos post munitionem legitimam privari volumus officio suprà dicto.* (1)

Mlle de Scudéry ne put s'empêcher de sourire en écoutant le latin barbare des légifères du XIVe siècle ; maître Porquet s'en aperçut.

— Je vous demande mille pardons, mademoiselle, lui dit-il, de vous étourdir la cervelle de ces citations latines, mais j'ai embrassé mon état par vocation ; je l'ai suivi avec amour, et je me suis ap-

_____

(1) Ordonnances du Louvre, t. I, p. 419.

pliqué, depuis plus de trente ans que je l'exerce, à bien connaître tout ce qui en pouvait relever la gloire, le mérite et l'utilité.

— Parlez, parlez, mon cher tabellion, répartit Mlle de Scudéry, j'aime à entendre un honnête homme faire l'apologie d'une profession qui l'a honoré et qu'il a su honorer à son tour.

— Avant Philippe-le-Bel, mademoiselle, le gouvernement vendait l'office de notaire royal à l'encan, *au plus offrant et dernier enchérisseur*, à l'exception des notaires de Paris, qui obtenaient leurs offices gratuitement ; mais, en 1320, le Conseil du roi imagina de s'associer aux bénéfices du notariat de Paris, en exigeant d'un notaire le *quart* de sa recette de la semaine, sur sa déclaration assermentée. L'ordonnance du mois de février s'exprime ainsi :

« *Lesdits notaires* , et chacun d'eux
» paiera le *quart de sa recette*, tant fidèle-
» ment de ce qu'il penra (recevra) pour ses
» escritures scellées ou à sceller de notre
» dit scel du Chastelet , et de toutes escri-
» tures qui , à l'office desdits notaires ap-
» partenir peuvent, *et le jurera chacun des-*
» *dits notaires aux saints évangiles* , en la
» présence de notre prévôt de Paris et dudit
» scelleur, et seront tenus à payer chacun,
» vendredy, à notre dit clerc , le *quart de*
» *ladite escriture* , et se ils en défaillaient ,
» ledit *scelleur les punirait* et pourrait pu-
» nir selon que bon lui semblerait, et spé-
» cialement de non *sceller et refuser leurs*
» *lettres* , jusques à temps qu'ils auraient
» payé ledit quart et amende convenable. »

Cette exaction , mademoiselle , qu'on
me passe le mot, engagea les notaires nos
devanciers à élever le coût de quelques
actes, et c'est pour cela, sans doute, que

plusieurs jurisconsultes du temps se plai-
gnirent hautement de l'énormité des sa-
laires : *In exigendis salariis metas ratio-
nis excedunt.* Mais il semble que le blâme
devait plutôt tomber sur la mesure arbitraire qui frappait le notariat dans ses
intérêts légaux , que sur une augmentation rendue évidemment nécessaire par
la loi précitée.

Depuis le XVIe siècle , mademoiselle ,
et notamment depuis la fin du XVIe ,
notre profession a grandi et prospéré ;
nous ne sommes plus ces pauvres et
humbles clercs qui allaient s'asseoir, es-
cortés d'un seul petit scribe , autour des
piliers du grand Châtelet , pour attendre
la pratique. Nous avons des études, nous
avons des clercs, nous avons des cabinets
où nous pouvons recevoir honorablement les clients qui nous viennent chercher et que nous n'allons plus trouver.

Tout cela est très bien, et je m'en réjouis ; mais je crains qu'il n'arrive un temps (et j'en frémis quand j'y pense), où le luxe, le luxe qui a perdu les plus grands empires et les plus illustres maisons , viendra corrompre les vieilles mœurs , qui font tout à la fois l'honneur et la sécurité de notre profession.

— Mon cher monsieur Porquet, répondit Mlle de Scudéry, des hommes tels que vous doivent servir de modèles à leurs successeurs. Les exemples de bonne conduite, de frugalité, de désintéressement, ne sont jamais perdus , c'est un précieux héritage qui passe de main en main et qui se perpétue merveilleusement dans les grandes corporations.

— Dieu vous entende , mademoiselle. Au surplus, si les malheurs que je redoute pour le notariat arrivaient , ce ne serait que dans un temps où je ne pourrais plus en être le témoin. Tant qu'il y aura en France un roi et un Parlement de Paris, les mauvaises passions et l'amour du luxe, qui engendrent la soif de l'or et le mépris des devoirs, trouveront de rudes adversaires et d'inflexibles punisseurs.

— On dit, maître Porquet, que vous êtes dans l'intention de quitter bientôt votre étude et de vendre votre charge, poursuivit Mlle de Scudéry.

— Oui, mademoiselle; comme j'avais l'honneur de vous le dire tout à l'heure, il y a plus de trente ans que je suis dans les affaires; j'ai laborieusement amassé, pendant cette longue suite d'années, 2,000 livres de rente, qui, réunis à mon petit patrimoine, me permettront de couler en paix le reste de mes jours dans une retraite agréable, avec ma chère fille Rosalie, à l'établissement de laquelle je dois penser sérieusement ; car, vienne la Chandeleur, la pauvre enfant atteindra sa vingt-troisième année, et c'est le moment où un père sage peut songer à marier sa fille.

— Et de quel prix sera votre étude, maître Porquet, dit Mlle de Scudéry ?

— Je la vendrai ce qu'elle m'a coûté, mademoiselle, car je trouverais indigne de ma profession, et je regarderais comme une espèce de simonie l'augmentation arbitraire du prix de ma charge. Mon étude, à la vérité, s'est améliorée depuis qu'elle est entre mes mains, car j'y ai dépensé tout le zèle et toute l'intelligence dont le ciel m'avait doué, cependant je l'ai payée 18,000 livres, et je la céderai pour le même prix (1), ni plus ni moins.

(1) Sous Louis XIII et Louis XIV, les études de notaire ne se sont pas vendues plus de 20,000 livres.

— Ce prix est raisonnable , répliqua Mlle de Scudéry, et les conditions ?

— Mademoiselle veut - elle donc me fournir un successeur ? demanda le notaire d'un air étonné.

— Peut-être, mon cher maître. Mais je vous prie , dites-moi les conditions que vous voulez mettre à la cession de votre charge.

— Je veux 10,000 livres comptant , répondit le notaire, à cause des éventualités qui peuvent se présenter, tels que le mariage de ma fille , une maladie , des réparations à ma maison de la rue Cloche-Perce , etc. Quant aux 8,000 livres restant, j'accorderai cinq ans pour les payer et on m'en servira la rente à deux et demi pour cent par an.

— Tout cela est parfaitement régulier et juste, fit Mlle de Scudéry.

— Mais, ajouta le notaire, si je suis de

bonne composition pour la finance, je me montrerai plus difficile sur le choix du candidat. Je veux un homme d'une probité à toute épreuve, d'une piété so-lide, d'un savoir incontestable, en un mot, il me faudra, toutes proportions gardées, plus de garanties morales pour céder mon étude que pour marier ma fille. Et n'en soyez pas étonnée, made-moiselle, en mariant ma fille à un mau-vais sujet, je ne fais après tout que son malheur et le mien, mais en donnant mon étude à un homme sans foi, sans lumières et sans principes, j'expose la for-tune de mes cliens, je signe la ruine de personnes honorables qui ont regardé, pendant trente ans, mon étude comme le *palladium* de leurs intérêts les plus chers. En quittant ce cabinet, je prétends dire à mes cliens, en montrant mon succes-seur : — *Alter ego,* voilà un autre moi-

même ; je n'ai jamais trahi votre confiance, il ne la trahira jamais : c'est moi
qui suis son garant, et je veux rester soli-
daire de toutes ses actions. Telles sont,
mademoiselle, mes intentions bien arrê-
tées sur ce chapitre.

— La personne que j'ai en vue, mon
cher maître, répondit Mlle de Scudéry,
remplira parfaitement toutes les conditions que vous exigez à si juste titre.....
Mais le temps s'écoule rapidement, j'ai
promis à ce pauvre abbé Scarron d'aller
le visiter. Adieu, mon cher maître....

— Et vos 12,000 livres, mademoiselle ?
Désirez-vous que mon petit clerc vous
accompagne ou vous les porte ?

— Non, mon cher monsieur, je veux
que vous me les apportiez vous-même :
je vous attends ce soir avec Rosalie, ma
filleule, à l'hôtel de Soissons. Je profite-
rai de votre bonne visite pour vous pré-

senter la personne qui traitera de votre étude.

J'espère que vous aurez tout lieu d'en être satisfait.

— Mais, mademoiselle, l'honneur que vous me faites est vraiment trop considérable...

C'est aujourd'hui un de vos jours de réception à l'hôtel de Soissons, et comment un pauvre notaire pourra-t-il tenir sa place au milieu de tant de beaux et excellents esprits !

— Mon cher maître, la place d'un honnête homme est partout.

Songez y bien, je compte sur vous et sur Rosalie.

Le notaire accompagna l'auteur de *Clélie* jusqu'à son carrosse, et prit congé d'elle en lui promettant d'être exact au rendez-vous qu'elle lui avait assigné.

L'hôtel de Soissons où demeurait alors
Mlle de Scudéry appartenait au prince de
Conti, qui se faisait un honneur d'y loger
les personnes célèbres dans les sciences,
dans les arts et dans les lettres. Chaque
semaine, Mlle de Scudéry ouvrait son sa-

lon à l'élite de la société parisienne , et les hommes les plus renommés par l'exquise urbanité de leurs manières , par l'éclat de leur naissance ou de leur esprit, briguaient à l'envi le bonheur d'y être admis. On rencontrait là Corneille, Bois-Robert, Conrard , le musicien Galiot, si apprécié de son temps pour son talent à jouer du luth et de la basse , le peintre Lesueur, Pascal , le jeune Roberval , qui devait plus tard se faire un nom si respectable dans la science , le formuliste Ménage et ce spirituel et sceptique abbé Bourdelot , médecin de la reine Christine de Suède, qui se composa cette épitaphe singulière, quelques mois avant sa mort :

> Ci-gît le savant Bourdelot
> Dont l'esprit était si fertile,
> Disant toujours quelque bon mot ,
> Joignant l'agréable à l'utile.

Il s'efforça de parvenir :
La cour connut mal ses mérites ;
Il fut contraint de devenir
Un grand semeur de marguerites.

Des magistrats illustres, des avocats recommandables , des prélats éloquents
venaient souvent se mêler à cette troupe
apollonienne, comme l'appelait Ménage,
et l'on rencontrait dans le salon de Mlle de
Scudéry , auprès du maréchal de Lhos-
pital et du mestre-de-camp Villarceaux ,
le chancelier Pierre Séguier, le premier
président Nicolas Legay, les procureurs-
généraux Achille de Harlay (depuis premier président) et Amand de la Briffe, et
les avocats Antoine Lemaître , Martin
Husson et Patru , l'ami de Boileau , et
l'éloquent interprète des Elzévirs !

Maître Porquet et sa fille furent d'a-
bord un peu étourdis de se trouver au
milieu de cette brillante cohue ; mais le

notaire avait un bon sens admirable , sa fille était jolie comme un ange , ils trouvèrent bientôt l'un et l'autre des gens qui les mirent à leur aise. D'ailleurs , Mlle de Scudéry avait fait placer sa filleule sur un pliant , près de son fauteuil , et veillait sur elle avec une sollicitude maternelle.

— Mon enfant , avait-elle dit tout bas en l'embrassant , à la fille du notaire, j'ai reçu ta lettre ce matin et je te donnerai ma réponse ce soir.

Elle tint parole.

La soirée fut remplie par des lectures amusantes et variées.

Mlle de Scudéry lut un fragment de son *Almaïde* ou *l'Esclave reine* , l'abbé Bourdelot un extrait de son *Voyage en Suède* , et le musicien Galiot exécuta sur le luth une de ses plus suaves fantaisies. Corneille couronna la soirée par ces quel-

ques vers qu'il avait improvisés à l'occasion des nouvelles fontaines que l'on cons-
truisait dans la capitale :

Que le dieu de la Seine a d'amour pour Paris !
Dès qu'il en peut baiser les rivages chéris,
De ses flots suspendus la descente plus douce
Laisse douter aux yeux s'il avance ou rebrousse ;
Lui-même à son canal il dérobe ses eaux,
Qu'il y fait rejàillir par de secrètes veines,
Et le plaisir qu'il prend à voir des lieux si beaux,
De grand fleuve qu'il est le transforme en fontaines.

Neuf heures sonnaient à l'église Saint-
Eustache, et le dernier coup de l'horloge
donna le signal de la retraite.

Maître Porquet et sa fille allaient suivre
la longue file des habitués de l'hôtel de
Soissons, qui se déroulait capricieuse-

ment sur les degrés de marbre de l'escalier, quand Mlle de Scudéry les arrêta.

— Maître Porquet, restez; ne vous ai-je pas promis tantôt de vous présenter votre successeur ?

— Mademoiselle, il est bien tard ; neuf heures viennent de sonner , et avec une jeune fille, il n'est guère permis de battre impunément le pavé de Paris : la ville est pleine de voleurs , et il y a loin d'ici à la place Maubert.

— Mon carrosse vous reconduira et votre successeur vous accompagnera , mon cher maître ; restez.

— J'obéis, mademoiselle. Vous pouvez avoir remarqué qu'en entrant je me suis empressé, aidé de Rosalie , de porter vos 12,000 livres dans votre chambre.

— Je le sais, et vous auriez pu vous en dispenser , car vous allez être obligé de les remporter

— Comment, mademoiselle ? fit Porquet stupéfait.

— Certainement... Ne m'avez-vous pas
dit ce matin que vous exigiez 10,000
livres comptant sur le prix de votre
étude ?

— D'accord, mademoiselle.

— L'acquéreur vous en laisse douze :
c'est la dot de sa femme.

— Je ne comprends absolument rien à
ceci, mademoiselle.

— Maître Porquet, vous m'avez encore
dit ce matin que vous vouliez pour successeur un homme probe, droit, intelli-
gent, zélé ; un homme enfin capable de
continuer la route honorable que vous
avez tracée.

— Cela est parfaitement vrai, mademoiselle.

— Eh bien ! maître Porquet, j'ai ici
un jeune homme qui remplit parfaite-

ment toutes les conditions que vous exigez; je vais vous le présenter.

Et Mlle de Scudéry entra dans son cabinet, et en sortit bientôt après en tenant par la main un jeune homme vêtu avec goût et simplicité.

— Maître Porquet, dit Mlle de Scudéry, voici votre successeur.

Le notaire leva les yeux et reconnut son premier clerc.

— Galuchard! s'écria-t-il.

— Moi-même, monsieur, répartit le maître - clerc en s'inclinant avec respect devant le notaire et devant Rosalie.

— Comment, mon pauvre garçon, dit maître Porquet, toi orphelin, toi sans fortune et sans appui dans ce monde, tu as trouvé une femme qui t'apporte 12,000 livres, tu vas devenir notaire royal, tu seras mon successeur !..... Je tombe de mon haut.

— Trouvez-vous le candidat à votre goût, maître Porquet, et la bonne opinion que vous avez de lui suffira-t-elle pour vous engager à lui résigner votre office ? demanda Mlle de Scudéry.

— Galuchard a toutes les qualités requises pour faire un parfait notaire, mademoiselle, et j'aurais volontiers confié le sort de mon étude, et un sort non moins précieux encore, ajouta le notaire en regardant sa fille du coin de l'œil, à ce brave et loyal garçon, qui n'avait à mes yeux qu'un défaut, défaut essentiel, hélas ! dans notre temps, celui d'être pauvre.

— Le voilà corrigé aux trois quarts de ce défaut, reprit Mlle de Scudéry ; maintenant, maître Porquet, vous avez agréé Galuchard pour successeur ; il est nécessaire que vous l'acceptiez pour gendre : il aime Rosalie votre fille , Rosalie l'aime , et c'est en faveur de ce vertueux attachement que j'abandonne à ma filleule les 12,000 livres qui doivent contribuer au bonheur de tous deux.

— Eh ! mon Dieu , mademoiselle , répondit Porquet , comment voulez-vous que je refuse mon consentement à une union qui doit assurer la félicité de mon enfant chéri. Galuchard, Rosalie, mariez-vous , je ferai votre contrat de mariage moi-même , et je vous prouverai que le vieux notaire , tout formaliste qu'il est , sait encore s'imposer des sacrifices pour asseoir sur des bases inébranlables l'avenir de ses enfants.

— C'est ce que ni vos enfants ni moi ne vous permettraient , interrompit Mlle de Scudéry. Galuchard est en état de tirer un très bon parti de l'étude que sa femme

lui apporte , et outre cela je lui procure
un client considérable. Lisez, je vous prie,
cette lettre qu'on vient de m'apporter il y
a quelques heures :

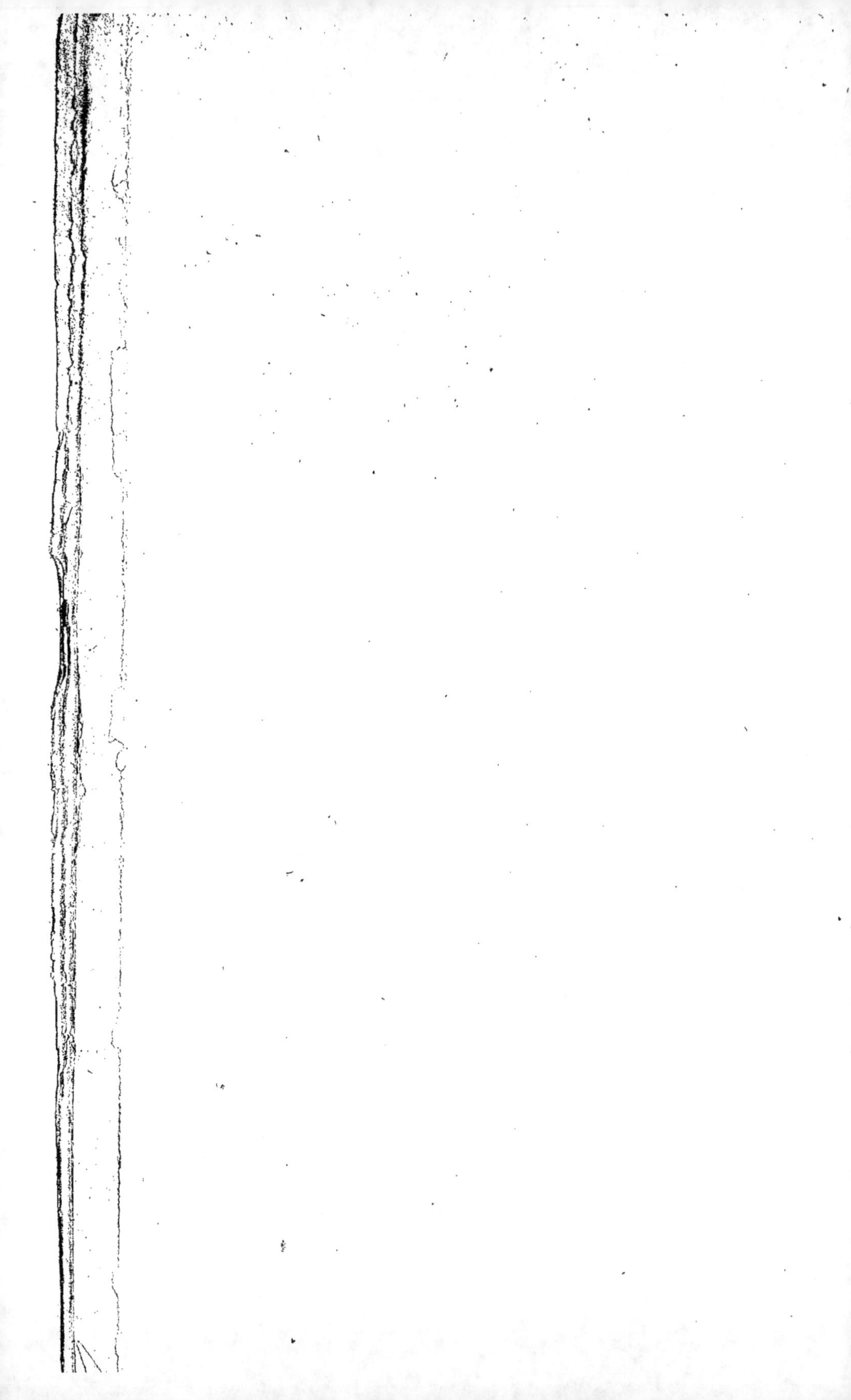